スピリチュアリスト・大村真吾が選ぶ

開運つながるパワースポット

大村真吾 著

セルバ出版

はじめに

1999年のこと。まだサラリーマンだった私は、はじめてセドナに行きました。岩山に登って座っていたら、「今の会社を辞めて、新しいことを始めたほうがよい」という声がはっきり聞こえたのです。その声に導かれるようにそれまで勤めていた会社に辞表を出し、自分で小さな旅行会社を始めました。当時、世の中になかったスピリチュアル関連に特化した旅行会社でした。おかげさまで多くのお客様に喜んでいただくようになりました。

海外だけでなく、日本国内にもすばらしい気に満ちた場所がたくさんあり、ご案内することも多いです。よくみなさんとご一緒して「ここのエネルギーがいいですよ」なんてご案内するのですが、必ずしも知られた場所ばかりではありません。通常、参拝者がいらっしゃる拝殿以外の場所にお連れしたりもします。「え！　この祠も気がいいんですか？」なんて驚かれることもしょっちゅうです。

みなさんに喜んでいただいたり、驚いていただくのがうれしくて、どうせなら、ご一緒できないけれどもより多くの人たちに、国内にある素晴らしいパワースポットを活用し、毎日に生かしていただけないかと思い、一冊にまとめました。

神社もお寺も遺跡も、いいエネルギーのところを35か所厳選しています。

せっかくいらっしゃるのですから、その場にあるいいエネルギーとつながっていただけるよう、各場所に「つながるポイント」をつけてみました。

「私が」「僕は」といった日々の自意識をできるだけ手放し、その場に「お邪魔します」という気持ちで、エネルギーを分けてもらうのがいいと思います。

ゆっくり深呼吸して「気持ちいいな」と思えたら、それはいい気なり、エネルギーなりを、あなたがキャッチできているサイン。気持ちを開いて、そこの空気と一体になるのを楽しんでみてください。

今回話をまとめるにあたり、日本の神様仏様のお話も増えましたので、各社寺の方にも見ていただきながら、神様のお名前などはそちらの表記にあわせたつもりです。

読者の方にはそんな日本の神仏の世界にも、これをきっかけに興味をもっていただけたら、こんなにうれしいことはありません。

気やエネルギーの世界はたいへん微細です。微細ですがとても豊かです。

ぜひ上手に取り入れて、あなたにふさわしいしあわせを手に入れてください。

そこには惜しげもなく、力があふれ続けているのですから。

平成24年6月

大村真吾

スピリチュアリスト・大村真吾が選ぶ　開運つながるパワースポット　目次

東日本

【時空を超える】時空とつながり、〝今、ここ〟を感じる巨大な縄文集落

三内丸山遺跡《さんないまるやまいせき》

住所…青森県青森市三内字丸山
電話…０１７・７８１・６０７８
（三内丸山遺跡　縄文時遊館）

つながるポイント

☆深呼吸をして自分を解き放ちましょう。
☆第一チャクラ（尾骨の下附近）から大地のエネルギーとつながるイメージを持ちましょう。
☆第七チャクラ（頭頂）から宇宙とつながるようなイメージを持ちます。
☆執着を解き放ち、おおらかにものを考えるようにしましょう。

★抜けるような、時空を超える場所で悩みを解き放つ

スケールが壮大で、足を踏み入れた瞬間に、スコーン、と、抜けるような感覚があります。ここは時空を超えられる場所。持っている自分の悩みが、ちっぽけなものに思えたり、小さいことは全部忘れさせてくれるみたいな感じです。

三内丸山遺跡は、とても広い公園になっています。その広い中に、住居を復元していたり、穴を掘ってそこに大きな柱を立てたり、建物の枠をつくっているレプリカがあったりします。この建物の高さがものすごく高くて驚きます。今から4、5千年も昔の縄文時代に、こんなものをどうやって建てたのかが不思議です。

復元された大型掘立柱建物。柱穴は直径２メートル。

もしかするとこれは祭壇だったのかもしれないと思って、もともとあった穴の方位を調べたら、きれいに東西を向いて建てられています。

きっと太陽の動きとか、夏至と春分の日の何かの祭事で使っていたのではないでしょうか。巨大な建物跡も、今ではなんのために建てられたのか、わかりません。こういうものを見ると、わけもなく懐かしさを感じる人はいらっしゃると思います。

私もそんなひとりです。

★まずはガイドをお願いするのがおすすめ

こちらでは、お願いするとボランティアの方がガイドしてくださるシステムもあります。だいたい1時間ぐらい。わかりやすいですから、まずはガイドをお願いするのがおすすめです。そのあとで、「ここ、気持ちいいな」って思うスポットを自分で探して行ってみましょう。

そこで深い呼吸をして、自分の中にある意識を、体の中を通して下げていって、大地の中におろしていきます。これが、スピリチュアルでいわれる「グラウンディング」です。

この場所で、太古と深くつながろうと意図すれば、とても落ち着くことができると思います。

★懐かしさを感じたら、縄文時代にここにいたせいかも

「懐かしいな」と感じたら、それは遠い昔、縄文時代に、あなたもここにいたのかもしれません。直感やイメージをふくらませ、遠い過去、そこにいたかもしれないなっていう情景を思い浮かべてもいいですね。

もしも人を縄文人タイプと弥生人タイプに分けるとすれば、自分は「縄文的な」人間だと思っています。進化してより洗練された文明とされる弥生時代じゃなくて、おおらかで宇宙や自然とそのままつながっていた縄文時代的な。ここ三内丸山遺跡が縄文時代の遺跡だから、なんか自分のルーツみたいなのがあるのかなとかね。その縄文つながりで、自分の魂と、三内丸山に残るエネルギーが共鳴して……、みたいなことがあるのかもしれません。だからこそ、時空を超えて、過去とつながるというのかな。

自分が縄文人だと思う人には、とくにおすすめの場所です。

★今のしがらみを全部忘れて、宇宙と自分を感じられる

たとえば、もしもあなたの中に「不安」があったとしたら、その不安というのは、じつは自分の頭の中だけにあるものではないでしょうか。だって、不安って、何か形にしてあるものじゃないで

祭壇として使用されたかもしれない高床建築。

すよね。自分の過去に対して不安を抱く人はいません。不安は未来に対して持つものなんです。

でも、不安な未来は、確実に起きると決まっているわけでもありません。

たとえば「彼が浮気をしそうだ」「家計のやりくりが心配」「明日、雨が降るかもしれない」など、それらはすべて未来のことです。つまり、その不安は今、ここにはないものです。

つまり、今現在をおびやかすようなものは1つもない。その今をないがしろにして、不確定な未来をイメージだけでつくって怖がり、今つらい思いをするのは、もったいないでしょう。

楽しいことを話していたら、未来の不安なんてかき消されて、忘れてしまう。ということは、今できることを確実に生きていけば、不安なんて現れないのかもしれません。

そう考えたときに、三内丸山へ行くと、素の自分に戻れるのかもしれないなと思いますよ。
しがらみを全部忘れて、宇宙と自分を感じられるみたいな。それぐらい素直になれる場所だと思います。

縄文中期後半の竪穴住居で、長さ約 32 m、幅約 9.8 m。
竪穴式住居としては日本では最大規模。

由緒

巨大な縄文集落跡で、規模は日本最大級だといわれます。じつは江戸時代から知られていた遺跡です。

通年で公開されていて、縄文時代当時の自然環境やムラの暮らしを知ることができます。

発掘と研究は今も進んでいるそうですから、スケールのでかい話です。遺跡の国宝ともいうべき「特別史跡」に指定されています。

「こんなに寒いところによく住んでいたな」と思うでしょ？

しかし縄文時代のこのあたりは、現在の青森ほどは寒くなかったようです。

【パワーアップ】癒され、癒すことで、未知なるパワーを得る

十和田神社《とわだじんじゃ》

住所…青森県十和田市奥瀬字十和田14
電話…0176・75・2508

つながるポイント
☆水辺での瞑想がおすすめです。
☆湖に気持ちを合わせ、湖を癒す気持ちを持ってみてください。

★日本人はみんな龍が大好き

案内しているとき、龍のお話になると、みなさん目が輝きます。実際の生物で龍に近いのは大蛇ですから恐いもののはずですが、中国でも日本でも、龍は開運につながるとして、たいへんありがたがられます。少し不思議ですよね。

さて、十和田湖にも龍神が棲んでいるといわれますが、そもそも龍神というのは水の神様のことだと思います。

龍がいるところはきれいな水に恵まれており、土地が豊かです。水がなければ作物は実らず、人々の繁栄もありません。ですから、きれいな水のある場所を、龍神が棲む場所として大切にしたのだと思います。十和田湖もそれだけ豊かな場所だということです。

★縄文の人々にとっての十和田湖とは

十和田湖は縄文の人々の聖域だったんでしょう。ですから龍が崇められていても少しも不思議

十和田神社の本殿。

じゃありません。龍の遣い手だったのか、龍になったのかはわかりませんが、龍に、南祖坊《なんそぼう》が法華経《ほけきょう》を読むわけです。その人が水に入ったというのが占場《うらないば》なのでしょうね。

上には十和田神社の拝殿があり、それを奥に行くと、十和田湖が見渡せる場所があります。

そこからちょっと行くと占場があります。東日本大震災以降は下りられなくなっていますので、占場まわりの十和田湖遊覧船でまわるしかないのですが(下船はできませんが、しばらく停泊してくれるのでお参りできるようになっています)、ここには行かなきゃもったいないでしょう。

占場は、誰もいない狭いところです。湖の色が幻想的でとてもきれい。とても神聖な雰囲気です。

参拝する人たちみんなが行くわけではありませんので、静寂に包まれています。でも足を運ぶ折りには、ぜひいらっしゃってください。

十和田神社参道の右側に気のいい場所がある。

★湖の思いに心を合わせ、深く癒し、癒される

十和田神社は日本武尊《やまとたけるのみこと》を御祭神にしています。日本武尊は遥か昔にさまざまな土地を平定していますから、それにあやかっているのかもしれません。

一帯はうっそうとした、独特な雰囲気のある場所ですが、もともとの土地の神様を抑えるために、日本武尊を祀っているような感じもします。平定された側、追いやられたのは、縄文人じゃないかと思うんです。

八郎潟《はちろうがた》に伝わる龍伝説ももの悲しいものがありますが、歴史の中で東北は抑えられてきた経緯があります。征夷大将軍なんて、「征夷」（蝦夷を征する）と書くのです。征する対象となるほど強力なものがもともとあって、都から恐れられていたのではないでしょうか。

東北にある非常に強い力。そこに秘められた深い悲しみのようなものに、十和田湖で静かに気持ちを

重ねることができれば、湖が、大地が喜び、ひいては自分自身が深く癒される……そんな気がします。マイナスイオンたっぷりで癒される場所ですが、癒してほしい場所でもあるという、たいへん意味深い場所なのです。

十和田湖には、未知なるパワーが秘められているといってもいいと思います。

御祭神・由緒

十和田湖の西の岬の付け根にある神社で、北東北の三大霊場として信仰を集めています。創建には坂上田村麻呂《さかのうえのたむらまろ》の東北平定の折に、日本武尊を勧請して建てたというものと、湖の九頭龍伝説にちなんだものの、2つの説があります。

後者の伝説は、十和田湖に8つの頭を持つ大蛇となってしまったマタギを、高僧の南祖坊が法華経を読経して自ら九頭龍《くずりゅう》に変化して、大蛇となったマタギ（八郎）を湖から追い出します。以降南祖坊は青龍権現として祀られます。

古来より天台宗と熊野信仰、さらには十和田湖の自然崇拝との神仏習合の形態を取っていたそうで、修験者たちの修行の場でもありました。

【時空を超える】縄文遺跡のストーンサークル

大湯環状列石《おおゆかんじょうれっせき》

住所…秋田県鹿角市十和田大湯万座45
電話…0176・75・2508
（遺跡に関する問合せ）

つながるポイント

☆自分の直感を信じ気持ちいい居場所に行きましょう。
☆グラウンディングをしてみましょう。

★ストーンサークルは、宇宙との交信のためにつくられる巨大なシグナル

ここはストーンサークルとして知られています。三内丸山遺跡と同じく（12頁）、ここも抜けている感じがします。時空とつながっている感覚があると思います。

敷地も広いです。すごく広くて、原っぱみたいなところに、日時計状に巨石が並んでます。ちゃんと方位をとって向いているんじゃないかな。

ここも感覚的には三内丸山と一緒で、「縄文」という感じがします。そして祭壇的なものを感じますね。

ストーンサークルは、宇宙との交信のためにつくられる巨大なシグナルと考えられています。空から見てわかるようにつくっているとしか考えられないようなものを、地上につくるわけです。

イギリスのストーンヘンジは世界的に知られるストーンサークルですが、じつは日本にもストーンサークルがあることはあまり知られていません。

美しいピラミッドの形をした黒又山。

もちろん地元の人は知っていますが、全国的には今ひとつ知名度がなかったり。この大湯環状列石もそうです。大分県の安心院《あじむ》にある佐田京遺跡《さだきょういせき》もそうですし、岡山県にある楯築遺跡《たてつきいせき》もそうです。

★太陽信仰としてのストーンサークル

場所によってストーンサークルの役目は様々で、たとえば大湯環状列石は太陽信仰のためのものだと思います。佐田京遺跡や楯築遺跡はアンテナみたいな感じがします。上……、つまり宇宙から来る信号みたいなものを受け取っているんです。送受信をしているイメージ。楯築遺跡は、真ん中に祠《ほこら》があるんですよね。

大湯環状列石を「太陽信仰」といいましたが、さらなる仕掛けがたまらなく面白くて、たとえばストーンサークルの延長上に黒又山《くろまんた》という山がありますが、これがきれいな三角なんです。

一説にはピラミッドといわれている山です。

ピラミッド信仰も一緒にやっていたのではないで

宇宙へ交信していたのか？　ストーンサークルが残っている。

しょうか。

★歩き回ると自分の落ち着くポイントが探せる

ここも、三内丸山遺跡と同様、歩き回ると自分の落ち着くポイントが探せると思いますよ。その気持ちのいい場所に座ってグラウンディングをしましょう。

いつか自分がこの場所にいた時代（＝過去）、自分は何をしていたのか、遠く思いを馳せてみてください。

自分がかつてここにいたときには何をしていたんだろう？　なんて、瞑想に近いことをするのもとてもいいと思います。頭がスッキリ。気ままな時間旅行ができるかもしれません。

由緒

秋田県鹿角市にある、「野中堂環状列石」「万座環状列石」の2つを主体とする縄文時代後期（約4000年前）の大規模な遺跡です。

「野中堂環状列石」は約40基、「万座環状列石」は100基以上の配石遺構の集合体で、外帯・内帯とよばれる二重の環状で構成されています。

いわゆる「日時計状組石」は、各々の環状列石の中心から見て北西側にあり、外帯と内帯の間に位置しています。遺跡からは土器や土偶、鐸型土製品などがたくさん出土しており、祈りと祀りの場であると考えられています。

【浄化】日光東照宮の間近にある神社

日光二荒山神社《にっこうふたらさんじんじゃ》

住所…栃木県日光市山内２３０７
電話…０２８８・５４・０５３５

つながるポイント

☆滝尾神社のあたりで深呼吸しましょう。
☆厳かに澄んだ空気に包まれて、自分の中のネガティブなイメージがどんどん浄化されるのを思い浮かべてください。

★日光の起源は二荒山にあり

日光二荒山神社は、３つの山を祀っています。中心となる二荒山は男体山《なんたいさん》のことを指します。あと２つ山があり、１つは女峰山《にょほうさん》、もう１つが太郎山です。御祭神は大己貴命《おおなむちのみこと》（大国主命《おおくにぬしのみこと》と同一神）とその妻・田心姫命《たごりひめのみこと》、息子の味耜高彦根命《あじすきたかひこねのみこと》となります。

日光東照宮でよく知られる日光ですが、じつは日光の起源は、この二荒山なんですよ。私はよく二荒山を参拝します。都内からもさほど遠くなく、ものすごく気持ちいい場所ですから。

★もともと、日光という地名ではなく、二荒という場所

観音様のいる浄土のことを「補陀落山《ふだらくせん》」といいますが、その音が「ふたら」になって、「二荒」になったんじゃないかという話もあるのです。

その二荒山。漢字を分解すると、「二」は「に」、荒は「こう」で、「にっこう」。より仏の教えを

日光二荒山神社の拝殿。

象徴するような字に当てられて、日光という地名になりました。

もともと、日光という地名ではなく、二荒という場所なんです。

有名な日光東照宮が創建されたのは江戸時代のこと。二荒山神社ができたのはもっともっと以前の話です。

二荒山神社の敷地はとても広くて3400ヘクタールもあり、3つの山のほか、その周囲の連山もご神域。

伊勢神宮の次にご神域が広いんですよ。

★自然崇拝の場所

もう1つが、奥さんの田心姫命《たごりひめのみこと》が祀られている滝尾神社。日光を代表する聖域の1つでものすごくいいです。あまり人も来ず、自然崇拝の場所であることをひしひしと感じることができます。

滝尾神社の、入口から5分ほどで、お社があって、

足を伸ばせば車で 30 分ほどで華厳の滝が。オフシーズンで人気が少ないときに行くのがお気に入り。

二荒山神社の別宮にあたる滝尾神社。すばらしい気が立ちこめる。

その奥に鳥居の形跡みたいなのがあるんです。

私はとくにそこが好きです。ものすごく厳かな感じがして、震えが来るほどです。

この一帯に目をつけた徳川家は、さすがだと思います。

御祭神・由緒

日光全体の氏神で、御祭神は二荒山大神《ふたらやまのおおかみ》。父・大己貴命《おおなむちのみこと》、母・田心姫命《たごりひめのみこと》、息子・味耜高彦《あじすきたかひこ》根命《ねのみこと》の三柱の神々の総称です。

昔から、霊峰二荒山《ふたらさん》（男体山）を神の鎮まる山として崇拝し、御神体山と仰いでいます。

１９９９年に日光の社寺として、世界文化遺産に登録されています。

【金運】自分の豊かさに気づき、感謝する場所

名草弁財天《なぐさべんざいてん》（名草巨石群《なぐさきょせきぐん》）

住所…栃木県足利市名草上町4990
電話…0284・43・3000（足利市観光協会）

つながるポイント
☆風景を眺めながら自分を見つめ、今自分が持っている豊かさに気づきましょう。
☆弘法大師にならって岩場で瞑想してみましょう。

★砂金さながらに川底の砂がピカピカ

栃木県足利市北部の山のほうに「名草」という場所があり、巨石群があることで知られています。車を停めてから山道を奥に踏み入って行くのですが、参道の横に川が流れているんですよ。この川がキラキラしてるんです。川底の砂に触ってみたら、砂がピカピカ。砂金さながらです。ここには、弁財天がいらっしゃいます。弁財天ってきらびやかな感じがしますけど、ほんとそんな感じです。

私はまずこのあたりに行くと、川から目が離せなくなります。だってそのキラキラの川が、お金に恵まれそうな感じでしょう。入口には「金の川」って、とても気さくに書かれています。

★巨大な石が点在するミステリーポイント

巨石群には神社もあって、嚴島神社なんですよ。宮島の嚴島神社と同じで、市杵島姫命《いちきしまひめのみこと》が祀られています。

市杵島姫命というのは、イコール弁財天ということですから、川に弁財天がいるのもそういうことなんでしょうね。

で、登っていくと、大きな石がごろーって出てきて、弁慶が割ったという石があって、めちゃめちゃ大きな石なんですが、真っ二つに割れてます。

「弁慶が割った」と説明も書いてあります。それがちゃんと「今割りました」って感じで少しずれてるんですよ。スパァーンって。で、岩がたくさんある上の奥に、小さな社があります。誰もいないんですけどね。その左には胎内くぐりがあるんです。

弁慶が割ったと伝わる岩。あまりにもきれいに割れている。

岩があって、岩の中を通れる階段がありあます。そこから奥にまだ道が続いています。

さらにちょっと行った先には、大きな岩がゴロゴロゴロってあって、そこに弘法大師と弁財天ゆかりの場所があります。

その昔、弘法大師が経文を唱えて弁財天を勧請したのだそうです。小さな祠が建っています。

岩間を抜けてお社へ。

弘法大師にならい、瞑想したい気分になります。

★自然界ではありえないような磐座《いわくら》

誰かが置いたのか、流れてきたのか、なんのために割ったのか……。なぜこの巨石群があるのかは今となっては誰にもわかりません。きっとなにか信仰があったんだろうと思いますよ。巨石にまつわるいろいろなことはすべて謎。

でもここは、ストーンサークルみたいに、「並べた」って感じじゃありません。

石がたくさんあるのは同じですが、その石の中には、自然界ではありえないような、底を刀できれいに切ったような石があります。まさに神が降りた天の磐船《いわふね》だと思います。

この名草巨石群へ行って感じることは、もしかしたら豊かさって身近にあるのかもしれないということです。たとえば川の中も、よく見るとものすごくキラキラ輝いているわけで。

「ないない」「不幸せ」って言っているのは自分だけで、実はものすごく恩恵を受けてきているわけじゃないですか。それに自分が気づいていないだけなんですよ。ですから、意識を変えるだけですごく満ちたりていることに気がつける。それに気がつくことこそ、真の豊かさをもたらすのではないかと思います。

「足りない」って思うんじゃなくて、「満ちあふれている」ことに気づくところから、繁栄は始まるのかもしれませんね。

御祭神・由緒

首都圏自然歩道関東ふれあいの道〜山なみのみちのポイント。

名草弁財天は、足利七福神めぐりの1つでもあります。嚴島神社の社殿前には、周囲が30メートルもある御供石や弁慶の手割石などがあり、胎内めぐりができるようになっています。子宝に恵まれる、安産になるなどの御利益があるそうです。

奥の院には巨岩や奇石が並び、その下を石清水が流れています。砂金かと思ってワクワクする川底の砂。正しくは雲母だそうです。

一帯の巨石群は、国の天然記念物に指定されています。

【グラウンディング】地球の大きさ、寛大さに、手を合わせる

榛名神社《はるなじんじゃ》

住所…群馬県高崎市榛名山町849
電話…027・374・9050

つながるポイント

☆豊かな自然を満喫し、自分の細胞のひとつひとつで自然を噛みしめてみます。
☆大地に足をつけている自分、地球という星とともにある自分を意識するように、グラウンディングしてみましょう。

★あまりの岩のスケールに圧倒される

榛名山《はるなさん》の中腹にある巌山《いわおやま》といわれる一帯に、まるで山みたいな岩の下にへばりつくようにお社があります。とにかく大迫力です。

こちらの参道はものすごく長いのですが、この参道がまたいいんですよね。その参道の至るところに七福神が鎮座していらっしゃいます。点在している七福神を確認しつつ、横を流れる川のせせらぎを聞きながら歩いていきます。これが気持ちいいんですよね。結構歩きますが、本殿に着いたときは、あまりの岩のスケールに圧倒されます。

★大地と深くつながる自分をイメージ（グラウンディング）してみよう

おすすめは、ここでのグラウンディングです。この巌山でグラウンディングを意識すると、人間がつくったものなんて、小さいものだなって思えてきます。

切り取った山のような岩が圧巻。

ここでお参りすると、あたかも岩にお参りしているような感じになるんです。岩って地球を構成する一部ですよね。奇しくも地球に対してお祈りしているみたいな気持ちになります。ですから、自分自身は今この地に生きているっていうことを、深く認めることだと思うんですね。そういう意味でグラウンディング。ここで地に足をつけて、ここに生きているということを確認してほしいです。

同じグラウンディングでも、遺跡のほうはルーツ的なグラウンディングです。遠くの時間とつながっていることを意識するもの。かたやこちらのグラウンディングは、地球とつながる、今この大地に足をつけるというグラウンディングです。

御祭神・由緒

主祭神は火の神・火産霊神《ほむすびのかみ》と、土の神・埴山毘売神《はにやまひめのかみ》。明治以降に大山祇神《おおやまづみのかみ》、御沼神《みぬまのおかみのかみ》、大物主神《おおものぬしのかみ》、木花咲耶姫命《このはなさくやひめのみこと》も合祀しています。

平安時代に編纂された「延喜式神名帳」にはすでにその名が書かれていて、当時すでに格式が高い神社であったことが窺えます。

戦国時代には一度衰退。江戸時代に天海僧正によってお寺として復興されましたが、明治に入り神仏分離令により、「榛名神社」に。このときに仏教色は一掃されたと伝わります。関東一円で広がっている「榛名講《はるなこう》」という信仰があり、とくに雨乞いには非常に効果があったとされます。

【直感力アップ】人生ベスト3に入る素晴らしいパワースポット

御岩神社《おいわじんじゃ》

住所…茨城県日立市入四間町752
電話…0294・21・8445

つながるポイント

☆歩く山の森羅万象にいのちを感じてみてください。そこに一八八柱の神々が宿っていらっしゃる感覚を持つことが大事です。

☆感性を開き、五感十六感までを開いて、参道や山道を歩いていると、かならず何かしら感じられるはず。その感じた何かを大切にしましょう。

★そうそうたる神々がお祀りされている

国常立尊《くにとこたちのみこと》、大国主命《おおくにぬしのみこと》、伊邪那岐尊《いざなぎのみこと》、伊邪那美尊《いざなみのみこと》ほか二十二柱の神様をお祀りする拝殿をはじめ、境内のかびれ神宮には、天照大神《あまてらすおおみかみ》、邇邇藝命《ににぎのみこと》、立速日男命《たちはやひをのみこと》が。同じく境内の斎神社《さいじんじゃ》には天御中主神《あめのみなかぬしのかみ》、高皇産霊神《たかむすびのかみ》、神皇産霊神《かみむすびのかみ》、八衢比古神《やちまたひこのかみ》、八衢比賣神《やちまたひめのかみ》。

そうそうたる神々がお祀りされているのが、ここ御岩神社。昔の記録によると、一八八柱の神様がいらっしゃるのだそうです。

★天岩戸伝説もある神々の集う場所

御岩山（かびれ山）全体がご神域となっています。御岩神社の拝殿までは道はわりと平坦ですが、その先のかびれ神宮までは山道です。かびれ神宮を越えてもさらに山道が続きます。

かびれ神宮の鳥居。

御岩山の頂上まで登ってはいけるものの、ちょっとハードです。山頂の少し隠れたところに、石柱みたいなものが立っていて、そこにこの立速日男命が降りたとされています。

はじめはそんなことをまったく知らずに、山道をどんどん登って行ったのですが、私、道を間違えてしまいましてね。するとただならぬ雰囲気を感じて、目をやると、そこにその石がありました。

「ここ、絶対に何かが降りているよな」と感じたものですから、あとで宮司さんに伺ってみたら「そうです」とおっしゃいました。御岩山の頂上にあります。

そういうふうに伝わる依《よ》り代《しろ》の下に大きい岩があり、天岩戸《あまのいわと》と伝わっています。近付くとちょっとすごいエネルギーを感じます。ここには洞窟みたいなものもあるんですよ。これだけたくさんの神々がお祀りされているのも、ここが天岩戸だと考えれば説明がつきますよね。参道を歩いていくと、神門の手前に三叉になった杉の木があり、エネルギーがスゴイです。

推定樹齢 500 年のご神木。日立市では最大級。（写真提供：御岩神社）

★神社なのに素晴らしい仏像もある

神門からさらに先へ行くと、御岩神社の拝殿の手前にお宮があります。そこにはなんと、大日如来《だいにちにょらい》と阿弥陀如来《あみだにょらい》がお祀りされているのです。神社に仏像があるというのはずいぶん変わったこと。

江戸時代以前の日本は、神仏習合といって、神社も寺も一緒になっていた時代が長かったのですが、明治になると神仏分離令といって、神社は神社、寺は寺と分けることを政治が徹底させました。

罰則も厳しかったといいますから、明治以降に神社で、大日如来や阿弥陀如来が祀られているのは、たいへん珍しいのです。なんとかすり抜けて、大事にお守りしていらっしゃったのでしょう。

御岩神社の拝殿。

仏像から先へ進むと、御岩神社の拝殿があります。拝殿横には姥神様《うばがみさま》とある小さなお社があり、左手に八大龍王碑があります。

さらに奥に林が広がっていて、その周辺は、ものすごくいいエネルギーで、とにかく神々しいのです。「神界のワンダーランドだ！」なんていう感じがします。

さまざまな気がいいといわれる場所を歩いてきましたが、御岩神社は、私の中ではベスト3に入るパワースポットです。

★秘められた神事

先日、かびれ神宮祭というご神事を奉拝しました。秘められた神事という印象。祝詞をあげながら、注連縄《しめなわ》を巻いた神宮の扉を開けるんですよ。この扉を開けるときに、宮司さんがマントラみたいに「おぉーーー」と唱えるんです。こちらは低頭しているので、細かな様子はよくはわからないのですが、ものすごい気配がします。宮司さんが祝詞をあげるときから、風は強く吹き始めて、木々がザワザワ音をたてるし、鳥はけたたましく啼いて、すさまじい様子です。

しばらく扉を開けて、さあ元のように閉めますとなると、あたりはもとどおり静かになりました。

御祭神・由緒

御祭神は国常立尊をはじめとする神々。御岩山総祭神一八八柱を祀り、中世には山岳信仰とともに神仏習合の霊場となり、江戸時代に至っては水戸藩初代徳川頼房公により出羽三山を勧請し水戸藩の国峰と位置づけ、徳川光圀公（水戸黄門さま）など藩主代々が参拝する祈願所となりました。

仏像が現存し、境内の遺跡、祭事内容などには古代の信仰（古神道）、神仏習合色が色濃く残り、「神仏を祀る唯一の社」といわれています。創建時期は不明。縄文晩期の祭祀遺跡の発掘や、記紀と並び日本最古の書の1つである「常陸國風土記」（721年）に「浄らかな山かびれの高峰（御岩山の古称）に天つ神鎮まる」とされることから、古代から聖地であったようです。

【パワーアップ】忌部《いんべ》氏ゆかりの神社には切り拓くパワーがみなぎる

安房神社《あわじんじゃ》

住所…千葉県館山市大神宮589
電話…0470・28・0034

つながるポイント

☆奥にある斜面のところに行って深呼吸してください。とにかく気持ちいいです。大きな岩からもエネルギーが出ていますから、存分にいただきましょう。

☆このエネルギーをもらうと、行動力がつくように思います。小舟で海を越えていく熱い血潮がこの地に続いているのかもしれません。

★遠い昔に阿波の国から黒潮に乗ってやってきた人々によってつくられた

安房と書いて「あわ」と読みます。みなさん、きっともう1つの「あわ」をご存じですよね。そう、四国の阿波の国。じつはこの安房神社、遠い昔に阿波の国から黒潮に乗ってやってきた人々によってつくられました。

安房神社の主祭神は天太玉命《あめのふとだまのみこと》。忌部族《いんべぞく》の祖神として知られる神様で、ここは忌部氏と非常にゆかりのある神社です。

安房神社の境内には、忌部塚と呼ばれる、弥生時代以前に遡る忌部氏にかかわる遺跡が発掘されています。

忌部氏は、奈良時代以前に栄え、神事に使う玉づくりをなりわいとしていた氏族で、そのあと麻

拝殿の奥の斜面は大きな岩で、すばらしいパワーを放っている。

づくりなど、古代の産業を確かなものにして各地で勢力を誇っていました。織田信長は忌部氏だとする説もありますし、後藤田氏も忌部の血を引くといわれます。

★太古からのとてつもない行動力と殖産のパワー

天太玉命《あめのふとだまのみこと》は、天照大御神《あまてらすおおみかみ》が天石屋戸《あめのいわやと》にお隠れになったとき、天石屋戸の外で卜占《ぼくせん》を行い、太御幣《ふとみてぐら》を持ち、天石屋戸の前に掲げ、注連縄《しめなわ》を張り巡らせた神様です。

岩戸開きのときに弦を弾いていた神様がいらっしゃいました。するとその弦に鷲がとまりました。「これはよいことが起きるに違いない。きっと天照大御神は出てくるだろう」ということになり、その神様は天日鷲命《あめのひわしのみこと》という名前になりました。

安房神社には忌部五部神の一柱としてお祀りされています。また、徳島の忌部神社の主祭神としてお祀りされています。

上の宮に祀られる主祭神の天太玉命は、日本のすべての産業創始の神様。

下の宮には天太玉命の孫神の 天富命《あめのとみのみこと》、天太玉命の兄弟神の天忍日命《あめのおしひのみこと》を祀る。

徳島は阿波《あわ》、そして千葉房総も安房《あわ》。忌部氏がつないだこの両地に、太古からのとてつもない行動力と殖産のパワーと、祈りの力を感じることができます。

★**この神社は、とにかく神聖な気持ちになる**

さて、ここ安房神社にはパワーがみなぎっています。拝殿の奥に山肌が大きく現れているところがあります。そこからものすごいパワーを感じるんです。岩の左側に林があり、なだらかな斜面になってるんですけど、そこに行くと気持ちいいんですね。かなり気持ちがいいので、結構長い間、そこでぼんやりしていました。

この神社は、とにかく神聖な気持ちになります。そして体をクリアにしたあとに、大地からエネルギーが体に上がってくるような感じです。太古からの忌部族の清らかで力強いパワーなのかもしれませんね。

御祭神・由緒

2670年以上も前、創建は、初代の天皇として神武天皇が即位した皇紀元年（紀元前660年）と伝わります。神武天皇の御命令を受けた天富命《あめのとみのみこと》（下の宮御祭神）は、肥沃な土地を求めて、はじめは阿波国（徳島県）に上陸し開拓を進めました。その後、天富命一行は黒潮に乗り、房総半島南に上陸。ここにも阿波国同様、麻や穀物を植えました。このとき、天富命は上陸地である布良浜の2つの山に、自身の先祖にあたる天太玉命と天比理刀咩命《あめのひりのめのみこと》を祀っており、これが現在の安房神社の起源です。

【出世】奈良時代に来た高句麗《こうくり》の王族の偉業に思いを馳せる

高麗神社《こまじんじゃ》

住所…埼玉県日高市新堀833
電話…042・989・1403

つながるポイント

☆奈良時代に思いを馳せて、平和と融合のイメージを思い浮かべながら、この地に祀られる若光のパワーを感じてみましょう。
☆先人の偉業に感謝しましょう。

★世に出たい！　人を応援してくれる神様

ここは立身出世の神社です。祀られているのは、渡来人の高麗王若光《こまのこきしじゃっこう》。高句麗《こうくり》の王族であろうといわれています。

高句麗が唐と新羅《しらぎ》に滅ぼされたとき、若光は日本へやって来ました。当時、高句麗から技術を持った人たちがたくさん集まって、その人たちも一緒にここへ1つの集落をつくり、開墾します。だんだん繁栄していくわけですが、王様の若光の没後、神として崇めるようになりました。

それは奈良時代のお話。大昔、朝鮮半島も日本もすっかり融合していたのです。

★晴れ晴れしい人の気でいっぱい

ここに浜口雄幸とか若槻禮次郎、鳩山一郎といったそうそうたる議員さんがお参りにいらっしゃっています。お参りに行った後に、総理大臣になったりして……。ですから、立身出世の神社ともいわれます。ここにはじつにたくさん、政財界の人や韓国の大学の教授や大使などが、お参りにお越しです。そういう晴れ晴れしい人の気でいっぱいです。皇室の方々も来ていらっしゃいます。

★初志貫徹みたいなパワーがみなぎるのを感じる

拝殿に向かう参道の左側に、山に添って狭い道があります。これをずっと進んで山の上に行くと、小さな祠があって、この辺りがすごくいいです。いい気に満ちています。

高麗神社の隣には聖天院《しょうでんいん》というお寺があり、そこに若光のものだと伝わっているお墓があります。思いを合わせやすいと思いますから、お参りしてみてはいかがでしょうか。

私が感じるのは、若光の真っ直ぐな生き様です。ですから、ここで「初志貫徹」みたいなパワーがみなぎるのを感じることができます。やり抜いていくパワーが凝縮されているのです。このエネルギーを感じている人たちが、ここでお参りしたあとに、総理大臣になったり、人が驚くような立身出世を遂げるんじゃないでしょうか。

ちなみにここの宮司さんは、若光の子孫にあたる方々が代々継いでいらっしゃいます。

閣僚も出世を願って植樹。

山の上のほうにある小さな祠。あたりはよい気に満ちている。

こういうところへ伺うと、「日本は単一民族」だなんていう言葉には、かなり違和感を感じますね。

御祭神・由緒

御祭神は高句麗からの渡来人、高麗王若光《こまのこきしじゃっこう》。若光は716年に、武蔵国に新設された高麗郡の首長として当地に赴任してきました。

当時の高麗郡は未開の地であったといわれ、若光は、周辺各地から移り住んだ手に職をもつ高麗人(高句麗人)たち1799人とともに開墾にあたりました。若光が亡くなった後、高麗郡民はその徳を偲び、御霊を「高麗明神」として祀ったのが神社の始まりです。

高麗神社は現宮司で六十代目。若光の子孫が代々務めています。

代議士たちが参拝後に相次いで総理大臣となったことから「出世明神」と広く知られるようになり、現在は年間約40万人の参拝があるそうです。

【心願成就】龍が護ると伝わる丘にある心願成就のお寺

待乳山聖天《まつちやましょうでん》（本龍院《ほんりゅういん》）

住所…東京都台東区浅草7の4
電話…03・3874・2030

つながるポイント

☆境内で大根を買って、本堂でお供えして、そのままお参り、さらには瞑想しましょう。

☆庭もそぞろ歩きして、存分にいい気をいただきます。

★秘仏の歓喜天がご本尊

こちらのご本尊は歓喜天《かんきてん》。秘仏で一般公開されていませんから、どんな歓喜天かはわかりません。十一面観音菩薩《じゅういちめんかんのんぼさつ》がもともとの仏様で、お姿を変えて、聖天《しょうでん》としてこの場所に降りたということなんです。聖天とは、歓喜天のこと。もしかしたらここの秘像は、頭が象の形でいらっしゃるかもしれませんね。

面白いのは、お参りのときに、一般の人でも本堂にあがることができること。ここへ境内で売っている大根を買って、お供えに持っていくのです。ちょっと珍しいスタイルでしょ。大根は体を丈夫にして、良縁を結び、夫婦仲よく、末永く一家の和合を加護していただける功徳を表しているのだそうです。

灯籠やら階段の手すりやら、境内のいろんなところに、大根と巾着のモチーフがあって探すのも

一般参拝者も本堂にあがることができる。

楽しいです。

ちなみに巾着は、財宝で商売繁盛を表すとか。聖天さまのご利益の大きいことを示すわけですね。

★本堂で瞑想はいかが

待乳山聖天へ行ったら、ぜひ大根を買ってから、本堂に行ってお供えしてお参りしてください。そこでずっと座っていても受け入れてもらえます。寛大なんです。

浅草へ行って時間のあるときは、ここへ行って瞑想するのが、なんとも気持ちいいですよ（もちろんお供えもかかさずに）。

ここは願望が成就することでも知られます。

ここのお寺にはちょっとしたお庭もあって、そこもとても気持ちがいいですね。少し高台になっていて、昔から眺めがよかったみたいですよ。

高低差もあって風通りがよく、気の流れもいい

境内でお供え用の大根を販売をしている。

とても気持ちがよく感じる庭。こぢんまりしている。

場所なんだと思います。そうそう、浅草七福神の１つ、毘沙門天もいらっしゃいます。

シンボルマークの１つ、二股大根。

大根は聖天さまの「おはたらき」を表すそう。

御祭神・由緒

待乳山は、隅田川ぞいの小高い丘のことを指します。周りが見渡せて、とても気がいい場所です。この丘は５９５年に突如として現れて、金龍が護ったと伝わっています。一帯が干ばつに見舞われた６０１年に、歓喜天と十一面観音が安置されました。作家の池波正太郎は待乳山聖天そばで生まれているそうです。

【女子力アップ】都内で富士山制覇して女子力アップ

鳩森八幡神社《はとのもりはちまんじんじゃ》

住所…東京都渋谷区千駄ヶ谷1の1の24
電話…03・3401・1284

つながるポイント

☆社殿前では、神功皇后《じんぐうこうごう》の生命力や行動力を感じてみてください。
☆富士塚へ登るときに「今から富士山に登る」という気持ちを明確に抱くこと。そして木花咲耶姫命《このはなさくやひめのみこと》の美しさ、女性としての凛とした魅力をイメージしながら登ってみてください。
☆それぞれの場所で、それぞれの女神に気持ちを合わせることが、女子力アップにつながると思います。

★行動力、美しさ、豊かさ、そんな女性の偉大な力に満ちている

御祭神は応神天皇《おうじんてんのう》と神功皇后です。神功皇后は、応神天皇のお母さん。応神天皇をお腹に入れたまま女だてらに朝鮮出兵するという、めちゃくちゃパワーのある女性です。石をあててお腹を冷やして産むのを遅らせ、帰ってきてから産むんです。そのパワーたるや、すばらしいでしょう。

鳩森八幡神社には、境内に富士塚があって、里宮の浅間神社には木花咲耶姫命をお祀りしています。おなじみの富士山を護る美しい女神です。そんな女性の偉大な力に満ちているのです。

★富士山のご利益が!?

富士塚の頂上近くには木花咲耶姫命がお祀りされている。

さて、富士塚というのは、富士山に行けない人がこの塚に来ることで行ったつもりになれる、富士山のようなご利益があるとされる場所のことです。

それほど、昔から富士山は日本人に信仰されていたということでしょうね。以前はこの界隈からも、本物の富士山が見えていたのかもしれません。

住宅街にありますが、とても気の流れがいいです。

私はこちらへ伺うと、まず社殿へお参りして、それから富士塚に行きます。

富士塚に登って、下りてきて、お稲荷さんにご挨拶。戻ってきて、またもう1回登ったりして。今度は上からあたりをぐるっと眺めたり…。

最後に本殿の右側の神明社に挨拶してから帰ります。

伺ったらぜひ、富士塚には登ってみてください。

1789年築造と伝わり、この富士塚は都指定有形民俗文化財となっています。

富士塚の高台から境内を望む。

境内にある能楽堂。

御祭神・由緒

応神天皇と神功皇后が御祭神です。

大昔、この神社のあたりは林でしたが、吉祥の瑞雲《ずいうん》がたびたび現れたそうです。

ある日青空より白雲が降りてきたので村人が様子を見に林の中に入っていくと、たくさんの白鳩が西に向かって飛びたちました。

これは縁起がよいことときわまりないということになり、神様が宿る小さな祠《ほこら》を営み、鳩森『はとのもり』と名付けたのが始まりだそうです。

８６０年に関東を巡っていた慈覚大師《じかくだいし》（＝円仁《えんにん》）が、鳩森のご神体を求める村民の強い願いに応え、神功皇后・応神天皇の像を造り、正八幡宮として祀ったと伝えられています。

【浄化】圧倒的に清々しい空間で身も心も清められる

武蔵陵墓地《むさしりょうぼち》

住所…東京都八王子市長房町１８３３
電話…０４２・６６１・００２３

つながるポイント

☆気持ちいいと感じる場所で、深呼吸をしてください。宇宙とつながる感覚を持てたら、もう無敵です。

★天皇家の墓所は気がすばらしい

「御陵《ごりょう》」ですから、天皇家のお墓という意味です。敷地が広く、古墳みたいなものですが、大正天皇と貞明《ていめい》皇后、昭和天皇と香淳《こうじゅん》皇后の墓所です。

お墓だけどパワースポットだなんてヘンな感じに思われる方もいらっしゃるかもしれませんね。

ここはとにかく気持ちがいい場所です。

★自分自身を浄化できる場所

入口から入って、それぞれの御陵の場所まで、歩いて10分くらいでしょうか。

ずっと砂利道なので、ちょっと歩きにくいかもしれません。敷地は結構広く、歩いていくと空気感が変わるのを感じることができます。ここは、何かをお願いするとか、そういう場所じゃなくって、自分自身を浄化できる場所。敷地全体で、ものすごく空気が澄んでいます。

自分を解き放つつもりで、この清々しい空気を自分のなかに取り入れてください。

昭和天皇陵。

ここは伊勢神宮とか奈良の橿原神宮《かしはらじんぐう》とか、西宮の廣田《ひろた》神社とか、仁徳天皇陵とか…そういうところと同じ空気感です。

なぜか理由はわかりませんが、天皇家にちなんだ場所ですから、なにか独特なお祀りの仕方なんかがあるのかもしれませんね。

自然にも恵まれた場所で、新緑がきれいだったり、紅葉も美しいです。高尾山からほど近くにあります。

陵墓地内は北山杉が植えられており、清々しい空気が漂います。

由緒

１９２７年に大正天皇御陵（墓所）として多摩《たま》陵が建立され、その後貞明皇后の多摩東御陵が１９５１年に建立。

平成に入ってからは、昭和天皇と香淳皇后の御陵も建立されています。

【金運】お金を浄めてお金の巡りがアップする

銭洗弁財天《ぜにあらいべんてん》　宇賀福神社《うがふくじんじゃ》

住所…神奈川県鎌倉市佐助25
電話…0467・25・1081

つながるポイント

☆まわすことを考えながらお金を洗う。お金を浄める気持ちを持ってください。
☆洗ったお金はお財布に戻し、また使うもよし。神棚に置いてもOKです。
☆お金についての気持ちを明確にすることで、お金の巡りがよくなります。

★洞窟の中に流れる神水でお金を洗う

鎌倉駅方面から歩いて20分以上はかかるでしょうか。薄暗いトンネルを歩いていると胎内のような気がしてきて、このアプローチは好きですね。トンネルを通っていくのが、まるで胎内めぐりのよう。

抜けると突然境内にたどり着きます。

そこから雰囲気は盛り上がってきます。演出はもうばっちりです（笑）。

最初のトンネルに入るところから「行きます！」と気構えるといいかもしれません。

上社、下社、ぜひすべての社にお参りしてください。

境内に出たらすぐ手水舎があります。右手に七福神社があって、その左側に池があります。そこの下社にお参りして、そこから左に坂を登りながらずっとまわりこむと上社があります。下りると

ワクワクするようなアプローチ。

社務所です。社務所で銭洗い用のザルとお参り用のロウソクを買い、本宮をお参りします。

本宮横の洞窟の中に御神水が流れているので、ここでお金を洗います。

★お金のエネルギーを浄化して、金運アップ

お金ってすごいパワーがあります。そのパワーを持たせるのは人間ですが、お金のパワーは人間さえ変えてしまう力を持ちます。

そういったその人の持つお金のエネルギーを浄化して、お金ときれいな関係を保ちましょう、よい関係を保ちましょうということだと思います。

洗ったお金は、社務所で買った黄色い巾着に入れて持って帰ります。私は小銭だけじゃなくて、お札も洗います。

私と一緒に行った人たちはそれを見て、みんなお札まで洗うもんですから、そのあとでランチするときに、みんな湿ったお札を出したりして（笑）。

洗ったお金はすぐに使うほど、大きな御利益があるといわれます。

自分のところにきたお金は、必要な人のところへどんどんまわすことも大事なこと。「通貨」というくらいですから、お金ってまわってナンボのものなのです。

すると通りがよくなり、また自分のところにお金が返ってくることになります。

お金が流れている限り、生活は困らないわけですよ。誰かがどこかで止めて溜め込むから、足りない人が出てくるわけです。

御祭神・由緒

平安末期、貧困にあえぐ鎌倉の庶民のために、源頼朝《みなもとのよりとも》が救済を神仏に祈願したところと伝えられています。巳の年（1185年）の巳の月、巳の日の巳の刻、宇賀福神が頼朝の夢枕に立ち、「この地に湧き出す水で神仏を供養せよ、そうすれば天下泰平の世が訪れる」と告げ、頼朝はお告げの通り、ここに社を建てて宇賀福神を祀ったそうです。

その後、彼が1192年に鎌倉幕府開府。世の混乱は収まりました。

お金を洗うと御利益があると広まったのは、執権の北条時頼《ほうじょうときより》がきっかけ。この水で洗った小銭を福銭にしたところ、お金が倍増したとか。

【女子力アップ】慈愛に満ちた姫神様にあやかって女子力をアップ

走水神社《はしりみずじんじゃ》

住所…神奈川県横須賀市走水2の12の5
電話…046・844・4122

つながるポイント

☆上の景色のいいところで海を見てみましょう。
☆弟橘媛《おとたちばなひめ》の身に自分を置いてみて、ほかの人の思いを遂げさせるようサポートすることが、どれだけの自分の歓びになるか考えてみてください。
☆それほどその人のことが好きか、自分を信じられるかを、海に向かって静かに問うてみるのです。

★スーパー歌舞伎でもおなじみの二柱の神様を祀る

走水神社は弟橘媛と日本武尊《やまとたけるのみこと》がお祀りされている神社です。弟橘媛は我が命と引き替えに、夫・日本武尊の旅の無事を護ります。

弟橘媛の献身的な支えによって日本武尊は千葉に渡ることができるんですが、慈悲の心というか、とても優しい感じがするんですよね。

★自ら進んで海に身を投じた弟橘媛

弟橘媛は荒れ狂った海を見て、「海神《わたつみのかみ》の怒りを鎮めるには私が海神のもとに行けばいいんですよね」って言って入水してしまいます。そのおかげで日本武尊一行は千葉に渡れることになります。

そこには死んでいく悲劇的な感じよりも、慈愛のような深い愛情を感じるんですよね。弟橘媛は歓びを感じつつ、そうしたように感じるんですよ。

石段を登って拝殿まで。その後山を登って海を見下ろしてみて。

★日本武尊の歌から伝わる夫婦愛

弟橘媛のことは日本武尊の胸に深く残っていて、彼は千葉や群馬、栃木へ、甲斐のほうから戻ってくるときに歌を詠みます。

弟橘媛のことを思って、海を見ながら「吾が妻よ……」みたいな。それが「あずま」の始まりといわれています。関東方面を「あずま」というのも、そこから来ているようです。

夫婦愛を感じる話ですよね。

★お社が3つ並んでいるあたりがすごく気がよい

走水神社は、向かって左側に道があって、登っていくとお社が3つ並んでいます。

そのあたりがすごく気がよくて、私はとても好きです。

まず拝殿へ行ってから、できたら山の上まで行

高台に３つのお社が並んでいる。このあたりの気がとてもいい。

き、お社が並んでいるところへ行くといいと思います。

浦賀水道が見える眺めがいいところもあるし、決してきらびやかじゃないけれど、神聖な雰囲気が漂っています。

御祭神・由緒

走水は「古事記」や「日本書紀」にも登場する地名です。

その昔、東征中の日本武尊は、このあたりまで訪れ、走水から船で海を渡ろうとしますが、海神の怒りを買い、嵐に阻まれて先に進めなくなってしまいます。

このとき、同行していた妻の弟橘媛が、日本武尊の身代わりに入水して海神の怒りを鎮め、東征の無事を護ったという伝説にちなんで創建された古社。ご祭神は日本武尊と弟橘媛。

【浄化】弘法大師にゆかりの深い修行場と桂の木

修禅寺奥の院《しゅぜんじおくのいん》 正覚院《しょうかくいん》

住所…静岡県伊豆市修善寺964
電話…0558・72・0053

つながるポイント
☆弘法大師の時代と、修行に思いを馳せてみましょう。
☆自分を浄化し、正し、本来の自分を取り戻すようなイメージを持ちます。

★奥の院まで足をのばす

弘法大師（空海）が高野山を開山する前に修行したとされるのが、修禅寺奥の院です。

修善寺の町のほうから奥の院まで、車で20分はかかるでしょうか。タクシーでも行けますが、修禅寺に来て、奥の院まで行く人は少ないです。

小さな滝場「阿吽《あうん》の滝」があります。界隈はもともと「魔がある」といわれており、人々は決して近づかなかったのですが、空海はそこへ行って魔を封じてしまいます。今も妖魔を封じ込めたと伝わる石が残っています。

★奥の院はつながることができる場所

「奥の院」といっても、今はもう礎と石段があるだけ。その奥に滝と、仏像が何体かあります。けれど、その石段を登っていくうちに空気はどんどん変わっていきます。それで、上に着くと「なるほど、ここは修行したくなるよな」という気持ちになります。

桂大師を撮影していたら不思議な写真が撮れた。

修禅寺奥の院。

奥の院は「つながる」感じがとてもしますよ。私は、季節がよければ階段を上って滝のあたりで、瞑想します。

帰るときに逆側を向くと山があり、その山にポコっと木が出ているんですが、なにか感じるものがあります。ちょうど私の頭の上を通って、木から滝へ直線に気が出ている感じがして、とてもいいです。

何かとても象徴的で、第三の目が開いていく感じがするんです。

★空海ゆかりの桂の木は圧巻

奥の院から徒歩で山道を50分ほど行くと、「桂大師《かつらだいし》」があります。渓流沿いに人気のない山道を分け入って進むと、たいへんなパワーを放つご神木の桂の木があるのです。

ものすごく大きくて、幹から大きな8、9本に枝分かれしています。

桂の大木は天然記念物に指定されている。

空海は唐から持ち帰った桂の杖を使っていましたが、その桂の杖を地面に挿すと桂大師になったそうです。

とても気持ちのいい場所で、圧倒的な存在感があります。

空海の時代から考えると、桂の木は、樹齢千年以上ということになります。

もしかすると、当時からすでに立派な大きさだったのかもしれません。

御祭神・由緒

807年に弘法大師によって開創され、その後約470年間は真言宗のお寺として栄えました。鎌倉時代になり、臨済宗に改宗して二百数十年間続きます。

室町時代（1489年）に曹洞宗に改宗して500年以上。開創からは1200年以上を数える、たいへん歴史のあるお寺です。

お寺の名前は「修禅寺」で、やはり弘法大師が開いた修善寺温泉の中心にあります。

修禅寺奥の院　正覚院の立寄りスポット

竹庭《ちくてい》　柳生《やぎゅう》の庄《しょう》

住所…静岡県伊豆市修善寺１１１６の６
電話…０５５８・７２・４１２６

柳生の庄の玄関前の温泉。

★奥の院の帰りに寄りたい〝飲む温泉〟

修善寺の町から奥の院に行く途中にある、修善寺温泉でも3本の指に入る高級温泉旅館が「柳生の庄」。

高級リゾートや高級旅館ばかりに宿泊されるお客様の感想では、「修善寺温泉ではここがいちばん」とおっしゃる方もいらっしゃるほどです。

こちらの玄関前には温泉が湧き出ていて、宿泊者以外でも誰でも飲むことができます。とてもよい気が満ちていますからぜひどうぞ。

もちろんこちらの旅館の気も、素晴らしいですよ。ぜひ感じてみてください。

【仕事運・結果運】やるべき本流の仕事との縁を結んでくれる場所

淡島《あわしま》

住所…静岡県沼津市内浦重寺

つながるポイント

☆淡島神社まで行き、さらにお社の裏手へまわって富士山を望みます。
☆大地とつながる意識を持ちましょう。

★富士山を望むピラミッドの形をした小島

淡島は駿河湾に浮かぶ周囲2・5キロの小さな島。15分～20分間隔で出ている船に乗り、数分で到着します。ピラミッドのような形をしていて、あわしまマリンパークと、高級リゾート「淡島ホテル」、それから小さな神社などがあります。

15分くらいかけて島のいちばん高いところまで登ると、そこに「淡島神社」が。小さな小さな神社ですが、道中に大黒さんがいたり、大きな象鼻岩があり、なかなか楽しいです。急勾配なので歩くのに少々疲れますけれど。あたりは鬱蒼と木で覆われています。頂上付近は参道になっており、ここがまたいい感じ。なんだかちょっと違う世界につながっているような気がしてきます。

お社の裏手にまわると、海をはさんで正面にドンと富士山を望みます。これが圧巻。

★自分の本流の仕事につながるようなパワーがある

淡島神社の由緒は不明だそうですが、弁財天が祀られ海上の安全祈願や豊漁祈願がなされたよう

海をはさんで富士山を望む絶景。

です。あたりには素晴らしい気が漂い、私の友人もここへ来て、出版が決まったとか、大きな商談がまとまったとかいう人が多いです。

自分の本流の仕事につながるようなパワーが、淡島全体にある気がしますね。

さらにいえば、伊豆あたりの気が独特なんだと思います。

由緒

江戸時代、日本橋の問屋を営む男が、日本橋の下を流れる木箱を拾いました。箱を開けると中には立派な弁財天が。男は屋敷にお祀りしましたが、その後体調を崩し生死の境をさまよいます。そのとき夢枕に弁財天が現れ「伊豆西南海岸にある小島に私を祀れば、あなたの命は助かるだろう」と告げます。

男が淡島に弁財天像を祀るとたちまち平癒したそうです（参考資料『淡島物語』淡島ホテル編集）。

【生命力・グラウンディング】不思議なロケーションに彩られた強力なパワーのある場所

大瀬神社《おおせじんじゃ》

住所…静岡県沼津市西浦江梨325
電話…055・942・2603

つながるポイント

☆下からわき上がるようなパワーにつながるつもりで大地に立ち、雄大で美しい富士山を眺めましょう。

★すごいパワースポット

伊豆はもともとフィリピン海プレートにのっかっていて、北上して陸地（本州）にくっついたのが伊豆半島だといわれています。ですから植物の生態系も本州とは異なっていて、むしろ伊豆諸島に近い。界隈に淡島があり、半島の先に大瀬岬があり、ここにある大瀬神社もすごいパワースポットです。

大昔に土佐地方で地震があり、それで沈んだ土地を神様が引っ張ってここへ持ってきたといわれているのが大瀬です。

自然現象が基になってる神社なんですね。「神様が引いてきた」なんて、すごい神話ですけど、地震やプレートの動きなんかを裏付けている気がします。

★岬の先っぽにある池に真水が湧いている

大瀬は岬になっていますが、岬の先っぽにある池に真水が湧いているんです。大瀬神社の境内で、

大瀬神社の鳥居。

伊豆七不思議の１つに数えられる神池。およそ３万匹の淡水魚が棲息する。

海越しに眺める富士山が圧巻。

大きくねじれた木。パワースポットに多く見られる現象の１つ。

伊豆七不思議の1つで、「神池」と呼ばれています。あたりでは自然の力みたいなものをコワイほど感じることができます。

さらに大瀬にはビャクシンという木の樹林がありますが、幹がねじれたようなかなり変わった形をしています。とにかくその曲がり方が半端ではありません。パワースポットでは木がねじれることが多いですよね。

★元気をくれる場所

大瀬からも富士山がとてもきれいに望めます。海をはさんで富士山を見るポイントって、あまりないでしょ。ここはエネルギーが下からどーんと来ています。強い生命力が感じられますからグラウンディングもできそうです。元気をくれる場所といってもいいと思います。

御祭神・由緒

684年に起きた大地震で突然海底が隆起して琵琶島《びわじま》が現れたので、同じ時期に地震で多くの土地が海に沈んだ土佐から、「神が土地を引いてきた！」と考えた人々がここに引手力命《ひきてちからのみこと》を祀ったのが最初といわれています。

古くから、海の守護神として信仰され、赤い褌を奉納して海上安全を祈願する風習があります。漁民の描いた絵馬や漁船模型が多数奉納されており、県の指定有形民俗文化財に指定されています。

富士山本宮浅間大社《ふじさんほんぐうせんげんたいしゃ》
山宮浅間神社《やまみやせんげんじんじゃ》

住所…静岡県富士宮市宮町1の1
電話…0544・27・2002

つながるポイント

☆御神水の湧く湧玉池《わくたまいけ》でのお清め、お水取りをします。
☆いにしえの人々にならい六根清浄《ろっこんしょうじょう》を意識します。
☆車で10分ほどの山宮《やまみや》まで足を伸ばしましょう。
☆心の目で富士山を感じることが大事。富士山のありようを心に焼きつけて。

★全国の浅間神社の総本宮

全国にたくさんある浅間神社の本宮がここ、富士山本宮浅間大社。

富士山を語るにはこの神社なくして語れないというほどの、かなめの神社です。ここの神社は敷地がとても広いのでも知られています。

富士山に登った方なら、頂上に小さな神社、鳥居があるのをご存じと思いますが、あれはこの神社の奥宮です。登山道と観測所を除き、富士山の八合目から上はここの大社の境内地なのですから。

★湧玉池でのお水取りは欠かせない

富士山本宮浅間大社で、まず「ここすごくいい！」っていうポイント。

それは本殿の東にある湧玉池です。御神水の清水が湧いています。びっくりするくらいおいしいお水で、お水取りもできます。

富士山本宮浅間大社一の鳥居。富士山をあおぐ。

私はまず本殿でご挨拶してから、本当の目的はじつはお水取りです。必ずペットボトルを持参して、お水をいただいてきます。

★湧玉池の水で自身を清めるイメージで

霊山と呼ばれる日本一の山、富士山。

江戸中期には「富士講」と呼ばれる富士山信仰がありました。富士講の人たちは信仰のために富士山に登りますが、そのときに必ず富士の浅間大社の湧玉池に行ってからだを清めたあとで登山を始めるのです。

このお清めが六根清浄。そして山道を登るときにも「六根清浄」を唱えます。

六根清浄とは「暮らしのなかで汚れた五感と気（＝あわせて6つ）を浄化する」意味。

今みなさんがこの場所を訪ねるのなら、たとえ富士山に登らないとしても、湧玉池に行って自分の五感と思い

透明度に驚く湧玉池。水温は約13度。湧水量は1秒間に約3.6リットルと年間を通じて増減がない。富士講信者は昔からこの池で身を清めてから「六根清浄」を唱えながら登山する。

をきれいにするというイメージでていねいにお清めすると、とてもいいと思います。

★ぜひ山宮まで足を伸ばして

富士山本宮浅間大社は、昔は今と違う場所にありましたが、噴火の折に避難して、今の場所に構えました。

じつは、もともとあった場所も残っているのです。

富士山本宮浅間大社から車で10分くらいのところ、富士の登山道の途中の「山宮浅間神社」です。富士山本宮浅間大社にお参りされるときは、「山宮に行かなかったら意味ないよ」っていうほど素晴らしいところ。

しかもほとんど人が行きません。

★富士山が御神体だから本殿はない

山宮には本殿、拝殿がありません。

もともとそこは富士山本宮浅間大社があった

ところで、噴火のあともそこに社《やしろ》をつくろうと何回もトライするんですが、できたと思ったら突風が吹いて社が崩されちゃうんですって。

そこで「もともと富士の大社は富士山が御神体。富士山そのものを拝むのが正しい姿で、社は本来必要ない」ということを悟るのです。

ですから今もそのまま、社はありません。

★斎場奥の広場で、富士山と自分を対峙させる

山宮にはお祈りをする場所がちゃんと残っていて、霊石があります。参道を伝って斎場（祈りの場所）に行くと、どんどん空気の密度が濃くなっていく気がします。

さらに、空気の密度の濃い斎場のあたりを進むと、奥はちょっとした広場です。そこは木々の間から、晴れていると富士山が見えます。

その斎場奥の広場で、富士山と自分を対峙させると、ものすごく気持ちがいいです。

もし曇っていて富士山が見えな

霊峰富士のご神体にしみこんだ水をいただくこともできる。

山宮から望む富士山。

山宮の斎場跡。

かったとしても、それこそ六根をとぎすませ、視覚に頼ることなくそこに富士があるということを感じてください。

晴れた日もいいし、曇った日でも、雨でもいいかもしれない。とにかくそこで富士山とつながること。それが富士山本宮浅間大社の根源的なところだと思います。

御祭神・由緒

御祭神は木花之佐久夜毘売命《このはなさくやひめのみこと》。夫は瓊々杵尊《ににぎのみこと》。天照大御神《あまてらすおおみかみ》の孫にあたる方です。

瓊々杵尊が天孫降臨《てんそんこうりん》で天から降りてきて、木花之佐久夜毘売命に会い、瓊々杵尊はひと目惚れ。ふたりは結婚します。じつは木花之佐久夜毘売命には、磐長姫《いわながひめ》というお姉さんがいました。姉妹の父の大山祇神《おおやまづみのかみ》は瓊々杵尊に、「姉妹ふたりとも嫁になさい」と言いましたが、瓊々杵尊は美しい木花之佐久夜毘売命だけを選び、一緒に贈られた磐長姫は父親に返してしまいます。

大山祇神が瓊々杵尊にふたりの娘を勧めた理由がありました。天孫が、木花之佐久夜毘売命のように美しく咲き誇り栄えること、そして磐長姫が象徴する、岩のような永遠の命を備えたものであるようにという祈りの意味があったのです。

このときに瓊々杵尊が木花之佐久夜毘売命を選んだために、「人間は限りある命になってしまった」といわれています。このとき人には寿命ができてしまったんですね。

【本流を知る】真実を取り結ぶ言葉の神様が祀られる

事任八幡宮《ことのままはちまんぐう》

住所…静岡県掛川市八坂642
電話…0537・27・1690

つながるポイント

☆言霊《ことだま》の社《やしろ》で自分の思いを口にして、気持ちを新たに。
☆そしてその声を聞き、自分の腑に落とすことが大切です。やるべきことが見えてきます。

★平安の昔から霊験があらたかだった

ここは言霊《ことだま》の神社なんです。

八幡宮ですから、応神《おうじん》天皇を祀っていますが、もともとお祀りしていたのは己等乃麻知比売命《ことのまちひめのみこと》。「こと」が「事」や「言」も表します。「まち」は真を知るとも書けます。ですから、言葉の真を知る、本当は何かということを知っておられる神様なんですね。言葉を使って、真実を取り結ぶ神様です。

ずいぶん古くからお祀りされていて、清少納言が『枕草子』のなかで、「ことのまま明神いとたのもし」と書いていて、「ことのまま神社は願いを叶えてくれる神社だ」と書いているわけです。都にまで噂が聞こえていたのでしょうね。

平安の昔から霊験があらたかだったんでしょう。

時代が変わっても人々が大切に守ってきた言霊の社。

数奇な運命を経て、現在の事任八幡宮に落ち着いた。

★言霊の社で自分の思いを口にする

こちらの宮司さんのお名前が「誉田」さんという名字なんですね。読み方は「ほんだ」さんでしょうか。八幡宮の祭神であるのは誉田別尊《ほんだわけのみこと》で応神天皇です。血が繋がってるのか、お祀りしてるからそうなったのか……不思議なお名前だと思ってしげしげと拝見しました。

境内、道をはさんだ反対側に（歩道橋で渡ることができます）丘があり、そこを登ると言霊の社があります。

ここで、静かに心を鎮めて、自分の思いを口にして、言霊にするのがおすすめです。

御祭神・由緒

創建はわからないほど古い神社で、記録には８０７年に今の地に遷宮したとあるそうです。武士の時代、武家の守り神として八幡神を奉る世の中になり、社を廃されないように、同社もほかにならって八幡宮を社名にします。

以降、誉田別命を祭神としてお祀りする一方で、社家の人々は己等乃麻知比売命をそっと守り続けたのだそうです。近代になってことあるたびに、己等乃麻知比売命の主祭神だから社名を変えるように努めるのですが、受け入れられません。

ようやく１９４７年に「事任」の名を取戻し、１９９９年に祭神を正式に認めてもらうことができ、主祭神「己等乃麻知比売命」とともに八幡大神三柱を祀る「事任八幡宮」が誕生したのです。

【金運・仕事運】「金運神社」の異名をとる金運と仕事運にいい神社

新屋山神社《あらややまじんじゃ》

住所…山梨県富士吉田市新屋山神河原１２３０
電話…０５５５・２４・０９３２
（※12月～４月下旬までは奥宮には参拝できません）

つながるポイント

☆まず本宮へお参り。「お伺いの石」で願いが叶うかどうかをはかります。
☆夫婦木社《めおとぎしゃ》のあたりでは、ゆっくり深呼吸を。

★夫婦木社によい気をいただいてから拝殿へ

本宮の拝殿横に伊邪那岐命《いざなぎのみこと》と伊邪那美命《いざなみのみこと》を祀っている夫婦木社がありますが、２本の木が交わっていて、ぜんぜん違う木なのに寄り添うようになってるんです。ここがまずいい気のポイントです。

本宮の拝殿には、富士山のような形をしている石が置いてあります。まず、このお伺いの石に挨拶をしたあとで、石を持ち上げ、重さを覚えます。そのあとで願い事を念じながら、「わたしの願いは叶いますか？」と言って持ち上げると、その石の重みで叶うかどうかを教えてくれます。はじめより軽くなっていれば叶うのだそうです。軽くても重くても、赤い座布団の上にふたたび戻して石にお礼を言います。

★奥宮は別名「金運神社」と称されている

奥宮は富士山の２合目の通称「へだの辻」というところにあり、ここに行くと金運がよくなるといわれています。私が連れて行った人たちもみんな、どうやらそんなモードに入っているようです。

新屋山神社拝殿。

早い人だと、お参りが終わって境内を散策して帰りかけたときに、携帯電話が鳴って大きな注文が入ったりという人もいました。

大山祇大神《おおやまづみのかみ》は山の神様ですが、なぜかこちらでは金運がよくなっていくという。そういうことを受けてかどうかはわかりませんが、奥宮は別名「金運神社」と称されています。

御祭神・由緒

大山祇大神を祀る神社で1534年創建。神名は「大いなる山の神」という意味で、大山を司る神＝山の神々の総元締めの山神であることを表します。

富士山を守る神様、木花咲耶姫命は大山祇大神の娘で、山々を統括する父から日本一の霊峰・富士を譲られています。

【パワーアップ・子孫繁栄】水晶パワーの上を散策できるパワースポット

昇仙峡《しょうせんきょう》

住所…山梨県甲府市平瀬町～川窪町
電話…055・287・2121（昇仙峡観光協会）

つながるポイント

☆足の下にある輝く水晶をイメージし、そこに立っているという実感を強く持ちます。

★鬱金《うこん》の桜を愛でてからここのお守りの水晶の玉を持つと、一生金運に恵まれる

昇仙峡はもともと水晶が採れていたところです。

今も地中深く水晶が眠っているわけですから、水晶の上を歩いているようなもの。強力なパワーがあるのも納得です。パワーストーンが好きという人にもたまらないだろうと思います。

ここにいくつか神社があり、パワースポットとして知られています。1つが金櫻《かなざくら》神社です。金運をあげる「鬱金の桜」が有名で、少し遅めのGWくらいに咲くのですが、桜の花が金色（鬱金色）なんです。鬱金の桜を愛でてからここのお守りの水晶の玉を持つと、一生金運に恵まれるといわれています。

鬱金の桜以外にも境内に桜がたくさんあるほか、一帯がお花見スポットになっています。

本殿には、もともと左甚五郎《ひだりじんごろう》がつくったといわれる昇り龍と降り龍がいて圧巻です。現在のものは焼失したのちにつくられたものです。境内には富士山遙拝所もあります。

夫婦木神社上社の鳥居。

★男女でお参りすると子宝に恵まれる

もう1つ、私が好きな場所が夫婦木《めおとぎ》神社です。上社と下社に分かれていて、上社のほうが男性性、下社が姫の宮といって女性性を表すご神木があります。

上社のご神木は人がふたりぐらい入れるくらいの幹の太さ。女性を象徴するような木の入口をくぐって入ると中は空洞になっていて、木の中なのに上から木が垂れ下がっていて、それが男性器に見えます。

夫婦木神社下社にあるご神体の木。

金櫻神社拝殿の前にある龍。もとは左甚五郎作と伝わる。

パワースポットでもあり、観光名所でもある覚円峰。

触るとあらゆる良縁が結ばれるといわれるご神宝だそうです。

男女でお参りすると子宝に恵まれると、篤い信仰があります。

境内一帯にある石は「ににぎ石」といって、通常の2倍のラジウムを放出しています。ラジウムの影響でオーブ（光の玉）がたまに出ます。

また、ラジウムの影響のせいか、こちらではとくに男女の双子がとても多いそうです。おもしろいですね。

★姫の宮は女性の力になってくれる

下社の姫の宮は、岩田帯にちなんだ神功皇《じんぐうこう》后命《ごうのみこと》、天鈿女命《あめのうずめのみこと》、市寸島比売命《いちきしまひめのみこと》といった三柱の女性神をお祀りしていますから、とくに女性の力になってくれる場所だと思いますね。

昇仙峡にはさまざまな神社がある。金櫻神社の鳥居。

すばらしいエネルギーがある枯れた沢。

★沢はいいエネルギーポイント

夫婦木神社の下社から、さらに昇仙峡をくだると、左手に滝があって、その右に枯れた沢があります。

ここがすばらしいエネルギーポイントです。

遊歩道になっていて、滝を見る展望台がありますが、私はこの沢のほうがいいエネルギーポイントだと思います。

昇仙峡はまる一日楽しめます。泊まりがけでもいいですね。

服装は、山歩きの格好まではしなくて構いませんが、上の大滝まで行こうと思ったら足下はスニーカーをぜひ。

夫婦木神社の下社近くには水晶のお店がいっぱいあり、なかには大きな水晶を置いてるところもあるので、石好きの方はのぞいてみてはいかがですか。

由緒など

秩父山系の主峰、金峰山《きんぷさん》（標高２５９５メートル。きんぼうざんとも）を源とする荒川がつくるおよそ５キロの渓谷で、国の特別名勝に指定されています。

江戸末期の御岳新道の造成をきっかけに知られるようになったそうです。

界隈は奇岩怪石のほか、高さ１８０メートルの覚円峰《かくえんぼう》など、見どころがいっぱい。

創始は２０００年前に遡るといわれる「金櫻神社」は、日本武尊《やまとたけるのみこと》も訪れたという桜の美しい神社。

境内にはソメイヨシノや山桜など約６００本が咲き誇るうえ、あたり一帯は「桜の郷」として定められている桜の名所。

およそ５０００本の桜が植えられています。

【生命力】２０００年の歴史を誇る篤い信仰の山

戸隠神社《とがくしじんじゃ》

住所…長野県長野市戸隠３５０６（奥社）
電話…０２６・２５４・２００１（中社《ちゅうしゃ》）

つながるポイント

☆もともとは寺院だった場所ですから、気が向いた場所で般若心経を唱えてもいいと思います。

☆神代の時代から長く信仰を集めた場所です。悠久の時間に思いを馳せながら歩いてください。

★天の岩戸を開いた功労者の神々が祀られている

みなさんご存じの、古事記の「天岩戸隠れ」の話。

神々は知恵をしぼって、天照大神《あまてらすおおみかみ》が隠れてしまった天の岩戸を開く、隠れた天照大神をなんとか外の世界に呼び戻そうとします。神々のそれは楽しげな笑いが気になってのぞこうと、ようやく扉がほんの少し開いたときに、そこに手を入れ、二度と閉められないように投げ隠された天の岩戸がここまで飛んできたので、「戸隠」といわれています。

そういうわけで戸隠神社には、天の岩戸を開いた功労者の神々が祀られています。

奥社《おくしゃ》には岩戸を開いた天手力雄命《あめのたぢからおのみこと》が祀られていますが、その横に並ぶように九頭龍社があります。

御祭神は九頭龍大神《くずりゅうのおおかみ》です。創始は不明で、奥社に天手力雄命が祀られる以前から土地の神様として崇拝されていたそうです。

戸隠神社奥社。

九頭龍社。

こんなふうに、昔からある神様と新しくお祀りする神様、仲良く並べてお祀りするところがすばらしいでしょ。もともとあったものと新しいものを融合させたり、調和させたりして共存していく。

これは日本人の民族的な特徴なのかもしれません。基本的におだやかですよね。

★火之御子社《ひのみこしゃ》はエネルギーがとても高い

戸隠は山全体が素晴らしい気に満ちています。
吉永小百合さんが出演したＪＲのＣＭで、随神門《ずいしんもん》から

いい気が漂う火之御子社周辺。

火之御子社横にある杉の木。

奥社参道の杉並木の美しさが知られるようになりましたが、まだあまり知られていない鏡池もたいへんおすすめです。

雨乞いの信仰が篤い種池。ここの水を大切に持ち帰ると雨を降らせることができるそう。

鏡池は、中社から奥社へ行く途中左側へ寄り道するとあります。鏡のような池の水面一面に山が映り、神々しさを感じられると思います。

戸隠には全部で5つの社があります。

標高の高い場所には奥社と九頭龍社。

このあたりは冬には行きづらいし、昔、すべて歩いて

奥社と九頭龍社のそばにある小さな滝。龍が棲んでいるのか。

奥社参道途中の右側に気持ちのいい場所がある。

登っていた頃は女性や子ども、お年寄りがお参りするには険しい……というので、誰でも行きやすいところに宝光社《ほうこうしゃ》と、火之御子社があり、中社へと続きます。

私はこの火之御子社が好きですね。訪れる人は比較的少ないですが、エネルギーはとても高いと感じます。

境内の横に二股になった木があり、思いっきりねじれています。エネルギーが高いところでよく起きる現象の1つです。

火之御子社から1キロ下った所に、宝光社があります。

今は奥社の参道入り口まで車で行けるようになっています。

中社近辺に宿泊して、早朝の人気のない時間帯を狙って、奥社、九頭龍社へ行くのがおすすめです。

御祭神・由緒

それぞれの御祭神

奥社……天手力雄命　中社……天八意思兼命《あめのやごころおもいかねのみこと》　宝光社……天表春命《あめのうわはるのみこと》
九頭龍社……九頭龍大神《くずりゅうのおおかみ》　火之御子社……天鈿女命《あめのうずめのみこと》

現在は神社ですが、歴史の途中ではお寺と一体になっていたことも。明治に入っての廃仏毀釈《はいぶつきしゃく》の影響で、仏像などは今はもうありません。

平安時代は修験者の道場として名をとどろかせ、神仏習合の世は「戸隠山顕光寺《とがくしさんけんこうじ》」と称し、当時は比叡山、高野山と共に「三千坊三山」と言われるほどに栄えたといいます。江戸時代には徳川家から篤く保護を受けました。奥社へ向かう随神門から続く樹齢４００年の杉が並ぶ杉木立は長野県の天然記念物にも指定されています。

さまざまな伝説の多い神社ですが、その中の1つに、雨乞いの話があります。九頭龍社でお祀りしている九頭龍大神は雨乞いの神様でもあるのですが、戸隠の山奥に「種池」と呼ばれる池があり、この水をいただいて戸隠神社にお供えし、祈祷をしてもらって、途中どこの地面にもつけないように大事に自分の土地まで持ち帰り、祈願の報告をしてから土地に注ぐと、恵みの雨が降るというのです。現代でもこうして雨乞いをする信者さんが大勢いらっしゃるということです。

奥社までは車では行けないので、参道から奥社までのおよそ2キロは歩いて登ります。下からそれぞれ「宝光社宮前」「中社宮前」「奥社」のバス停がありますが、冬期は戸隠スキー場行きになるため、「奥社」バス停には停車しません。「中社宮前」からタクシー利用となります。

【聖域】天皇陛下が即位したときの笏《しゃく》はここのイチイの木でつくられる

位山《くらいやま》・飛騨一宮水無神社《ひだいちのみやみなしじんじゃ》

住所…岐阜県高山市一之宮町5323
電話…0577・53・2001

つながるポイント

☆まず水無神社を参拝し、そのあとで御旅所《おたびしょ》に行きます。しばらく御旅所で瞑想をするのもいいでしょう。ゆったりとした呼吸をして、時空を超えて古代、宇宙と自分がつながるイメージをします。そして位山に登ります。木々の青さや根の太さ、巨石の存在を味わいながら天岩戸を目指します。天岩戸の手前を左に行くと御神水があるので、いただきましょう。

☆天岩戸の前でご神気を感じ、自然の営みの中に生を受けていることを感謝しましょう。そして最後にもう一度、水無神社を参拝し、登山の無事と今ここにあることのお礼をする。そうすることで現在、古代そして宇宙とのつながりが感じられるに違いありません。

★位山は山自体がご神山

臥龍桜《がりゅうざくら》で有名な臥龍公園近くの御旅山《おたびやま》はたいへんおもしろいところです。

突拍子のないこと、言ってもいいですか？　私は水無神社の御旅所は、超古代の宇宙船の滑走路だと思いますね。遠くから全景を見ると滑走路が斜め上に伸びている発射台のように見えるのです。古墳みたいな感じになっています。

飛騨一宮水無神社の奥宮が位山です。位山は山自体がご神山。山を登っていくと巨石がいっぱい出てきます。そしてイチイの木が生えています。

神聖な水無神社境内。

じつは、位山で採れたイチイの木を水無神社でお祀りしてから笏をつくり、これが天皇陛下に献上されます。ですから、もしかしたら「イチイ」というのは一番という意味のイチイかもしれません。一位の位ということで、位山なのか。どちらが正しいのかはわかりませんが、位山の意味を考えるうえでの重要なエピソードです。わざわざここのイチイの木を採るわけですから。

★パワーを示すかのごとく、巨石が圧巻

あたりの木は、ねじれて、木が岩のところに入ったりしてすごいことになっています。

ここは岩にパワーがありますね。岩を触りながら登っていくと、パワーをもらえていいですよ。

途中には禊岩《みそぎいわ》から始まり、御門岩《みかどいわ》や光岩《ひかりいわ》、八重雲岩《やえくもいわ》など、巨石が次々と現れます。ひとつひとつ、岩と会話するようなつもりで登っていきます。はじめは勾配がけっ

こうキツいからしんどいかもしれません。30～40分歩くと社があり、そこが天の岩戸です。

★位山は分水嶺《ぶんすいれい》で、水無神社のご神木がまたすごい

巨大な岩がたくさんある。岩からパワーを分けてもらいながら登っていくのがおすすめ。

まるで宇宙船の滑走路を思わせる!?

位山は標高1529メートル。ここは分水嶺で、ここに流れる水が太平洋側と日本海側に分かれるのです。北に流れるのは宮川で、そこから神通川《じんつうがわ》を通って富山へと流れていきます。「神の通る川」ですから、意味深いものを感じますね。

水無神社のご神木がまたすごい。ねじの木なのですが、昔、普請に使おうとしたところ、一夜にして幹も、梢までもが、ねじ曲ったといわれています。その後もこの木には神意があると言い伝えられ、根本から引き抜かれた状態で保管されています。

御祭神・由緒

御祭神は水無大神《みなしのおおかみ》、御歳大神《みとしのおおかみ》を主神とし、相殿に大己貴命、神武《じんむ》天皇、応神《おうじん》天皇ほか十一柱、末社・延喜式内外十八社及び国内二十四郷の産土神、一宮稲荷、白川社（御母衣《みぼろ》ダム水没の白川郷より奉遷）とあります。「水無」は「みなし」「すいむ」とも読み、水主を意味します。

神社の南西にある位山は、南は飛騨川、北は神通川へ流れる分水嶺でもあります。古代から川の水源である位山を水主の神の坐す霊山と仰いでいました。

水無神社は島崎藤村の『夜明け前』の主人公・青山半蔵のモデルとなった藤村の父が宮司を務めていました。江戸時代後半の1773年には、農民たちの一揆の集会所が水無神社でした。当時の宮司はそれに加わり、お上へ抗議したといいます。結局、神職2人が磔の処罰を受けたという記録が残っています。古くからこの土地には気骨ある人々がいたのかもしれません。

コラム　さらにいいエネルギーを吸収・活用する

パワースポットへ出かけたら、できるだけ効率よく、いいエネルギーをからだに吸収したいものです。「来ることができてよかったです」と社寺や遺跡に感謝しながら、場の空気と一体化してみましょう。

御神水があればいただき、土地のご飯を食べる。また、その土地の温泉に入るのも一体化の1つ。からだの中にいいエネルギーを取り込むつもりでやってみてください。

私は、パワースポット近くの温泉に入るのが大好きです。

五感をフル活用してその場所の情報を吸収できれば、家に帰ったあとも、行った場所を思い出すことは簡単でしょう。「行った感覚」を、自分の中に持つことが大事なのです。思い出すたびに、いいエネルギーが作動。体内に滞ったエネルギーを放出するようなイメージです。

帰りの道中や翌日で、何か閃きがあったら、迷わずそれをすることも大事です。それはいいエネルギーが、あなたの潜在意識にはたらきかけて起きる、直感の作動だからです。

「早起きして歩く！」「料理する」ポンと思い浮かんだことをやってみる、新しい転機につながっていくと思います。かくいう私も、それで会社を辞めて起業しました。

直感が冴えることは、いいエネルギーとつながっているってことです。感謝しましょうね。

西日本

【聖域】山そのものがご神体の日本最古の神社

大神神社《おおみわじんじゃ》・三輪山《みわさん》

住所…奈良県桜井市三輪
電話…0744・42・6633

つながるポイント

☆まずは、大神神社に参拝して、それから摂社末社がいくつもあるのでそれらをまわり、狭井《さい》神社を参拝して三輪山に登拝するというコースがいいと思います。登るのは結構しんどいですが、上に着いたら、すーっとラクになる感じがします。

☆元来は、三輪山は禁足地で、かつては一般の人は登れなかった場所。だってご神体ですから、登るなんておこがましいわけです。それが時を経て規制がゆるくなって、現代は登らせていただける。謙虚にとらえてくださいね。

★三輪山自体がご神体

大神神社には本殿がありません。三輪山自体がご神体だからです。三輪山には登拝することができ、登拝口にあたるのが狭井神社です。この狭井神社に届け出をして、鈴をつけた白いタスキをもらって、それをかけて登ります。

狭井神社の正式名称は、狭井坐大神荒魂神社《さいにますおおみわあらみたまじんじゃ》で、大神の荒魂《あらみたま》がご祭神。大神神社のご祭神は大物主神《おおものぬしのかみ》で、大国主命《おおくにぬしのみこと》の和魂《にぎみたま》といわれています。

大国主命の和魂って何かというと、大国主命と一緒に少彦名命《すくなひこなのみこと》が国土のお仕事をしてました。や

大神神社二の鳥居。ここから先は森のようになっている。

がて仕事の段取りがつくと、少彦名命が海の向こうに渡っていく。

大国主命はひとりぼっちで困り果て、どうしようかなと思っていたら、海から光りがやってくる。「あなたの和魂ですよ」って言われて、それが大物主命という名前で祀られるんです。

大国主命の和魂というわけです。

★蛇の神様でもある大物主神

あるとき、活玉依姫《いくたまよりひめ》という美しい娘のもとへ気高い男性が夜通うようになって、その人との間に子供ができました。

男の素性が知れないので、親は娘に、男の服のはしに麻糸を通した針を刺すように言いつけました。

そのとおりにしてみたら、部屋には麻糸が三把だけ（三輪《みわ》）残っていました。糸をたぐると、男が入ったのがこの山で、大物主神だということがわかりました。

大神神社は大和国の一宮でもある。

また大物主神は、ほかの女性たちにも不思議なまじわりで子どもを産ませています。

夜は人の男の形ですが、昼になると蛇の姿になるともいわれました。

今も、蛇は大物主命の化身の神様ともいわれ、信者さんたちは、蛇の好物の卵をお供えしたりします。

★三輪山頂上の奥津磐座《おきついわくら》に大物主命が鎮まっている

三輪山に登っていくと、ものすごく気持ちがいいですよ。上には磐座《いわくら》がありますが、神域で入れなくなっています。

この頂上の奥津磐座に大物主命が鎮まっているとされています。

三輪山登拝はだいたい往復2時間ぐらいです。半日あれば全部まわれますが、朝10時ぐらいには行っておくほうがいいと思います。

信者さんは、裸足で登る方もいらっしゃいますが、初心者にはムリ。歩きやすい靴で臨んでください。

狭井神社は登拝の入口に。こちらは大物主神の荒魂を祀る。

御祭神・由緒

その昔、大己貴神（大国主神に同じ）が、自らの幸魂・奇魂を三輪山に鎮め、大物主神の名で祀ったのが大神神社のはじまりと伝わります。

本殿は設けず、拝殿の奥にある三ツ鳥居を通し、三輪山を拝するという、原初の神祀りの形式が今に伝わるもの。日本最古の神社といわれています。

三輪山は高さ467メートル、周囲16キロメートル、南は初瀬川《はせがわ》、北は巻向川《まきむくがわ》の2つの川によって区切られています。

山内の一木一草に至るまで、神宿るものとして、一切斧を入れず、杉、松、ひのきなどの大樹に覆われています。

登拝の受付は午後2時まで。

【感性を磨く】三大霊場に囲まれた不思議なパワーに満ちた場所

天河大弁財天社《てんかわだいべんざいてんしゃ》

住所…奈良県吉野郡天川村坪内107
電話…0747・63・0558

つながるポイント

☆天川村までは最寄りの下市口駅まで電車で行き、そこからバスで約1時間ほど。天川村に民宿があるので泊りがけで出かけ、濃密な空気を味わうのがおすすめです。

☆近くの村にある洞川《どろがわ》温泉には大峯山《おおみねさん》に登る人たちの宿坊もいっぱいあります。大峯山寺《おおみねさんじ》は今でも女人禁制で、修験道の霊場として有名なところです。

☆山登りに慣れている方は行者トンネル近くの登山道から弥山の頂上にある元宮《もとみや》に行くのもおすすめです。往復で6〜7時間の行程です。

★ご祈祷のたびになんだか違う空間にいるような感じ

日本の三大霊場といわれる、高野山、吉野山、熊野を結んだ地点のほぼ中央に位置しているのが天河大弁財天社、通称天河神社です。

ここへ行くたび、時空が歪んでいるような気がします。お参りさせていただいたり、ご祈祷していただきますが、そのたびになんだか違う空間にいるような気持ちになり、どれくらいの時間が経ったかわからなくなるような気がします。

この石段を登ると五社殿がある。

離れてみてようやく、普通の世界に戻って来たというのがわかるのです。

★感性を研ぎ澄ますことができる場所

ちょうど雪の日に行ったことがあります。車で出かけたのですが、雪のせいで溝にタイヤを落とすわ、ぶつかるわ、していたんです。脱輪して困っているとどこからともなく人が現れて手伝っていただいて脱出できて…。

お参りが終わり、車で橋を渡って帰ろうと思ったら、渡った向こうの道を左から車がくるのが見えました。よし、通り過ぎたなと思って直進しようとすると、コツン。なぜかそこにその車がまだいて、車同士がぶつかったんです。もちろん私は無事だし、向こうも「大丈夫」っておっしゃったんですけどね。でも私の車は、バンパーだけがとれていました。いったい私はどこに行っていたんだろう、いったい何時間いたんだろう。時空を超

手水には龍が水を吐き出している。五社殿では龍神様もお祀りする。

えたような気持ちになりました。

バンパーが落ちた＝カルマが落ちたようにも感じられたし、異次元に迷い込んで、自分に不要なものが落ちていったことを象徴するような出来事のように思えました。

雪や曇天のせいもあるのでしょうが、なんだか違う膜を通って中に入ったような感じがしたのです。それで、特殊な感性になったりするのかなと思いました。

ですから芸術家たちが行って、刺激されたりする場所になっているんじゃないでしょうか。

もちろん芸能の神様が祀られているということもあるのですが、空間の不思議なパワーで、感性を研ぎ澄ますことができる場所だと感じます。

★世界に知られる芸能の神

天河神社は中世から、お能にも深く関わってきた歴史があります。たいへん貴重な能面や装束な

拝殿の鈴には五十鈴《いすず》がついている。

どが、文化財として神社に多数現存しています。これは能の発祥当初から、ここが芸能の神として深く信仰されていたことを指します。

現代でも音楽のライブなどが行われていますよね。きっかけは、90年代に細野晴臣さんが行ってからだったように記憶しています。

さまざまな芸能人が追随し、それから現在の天河神社のブームが生まれました。

御祭神・由緒

700年頃、役行者《えんのぎょうじゃ》が修験道として修業をしていたのが大峯山で、天河神社はその最高峰の弥山に鎮守として祀られたのが始まりです。

弘法大師（空海）はここで修業をしてから、高野山を開山。真言宗をつくります。

御祭神は市杵島姫命《いしきしまひめのみこと》。弁財天で、ヒンズー教の女神、サラスバティと同一視されています。

サラスバティって楽器を持っていて、芸能の神様といわれています。弁財と書くくらいですから、お金の御利益もあります。

【ルーツ】国生み、神生みの神々を祀る、日本のルーツの神社

伊弉諾神宮《いざなぎじんぐう》

住所…兵庫県淡路市多賀740
電話…0799・80・5001

つながるポイント

☆今日本に住んでる人たちは、この伊弉諾神宮がルーツということになります。ですから、ここに行ったならば、自分がなぜここに生きているのかという、根源を見つめてみてください。この激動の時代に自分がすべきことを発見できるかもしれませんよ。根源的なものに自分の意識を合わせていくということです。根源的命題に呼応するということでもあります。

☆拝殿の右側に、夫婦大楠《めおとおおくす》のご神木がありますが、これはぜひお参りしてください。夫婦円満、良縁祈願の霊験あらたかといわれます。

☆境内には伊勢の遙拝所があります。社殿を参拝した後には、こちらでもお参りするのがおすすめです。

★国生みの二柱《ふたはしら》の神様を祀る

伊弉諾神宮は、伊弉諾尊《いざなぎのみこと》と伊弉冉尊《いざなみのみこと》を祀っています。日本の国を生んだ神様です。はじめに神々は天の浮き橋に立ち、海に矛をさしてコオロコオロとかきまわして、ぽたりとしたたらせると、オノコロ島ができました。これが日本の始まりといわれています。

そこで二柱の大神は、結婚し神々国々を生みますが、最初に生まれたのが「ひるこ」でした。「ひ

伊弉諾命尊が天照大神に国を託したあと、幽宮《かくりのみや》を構えて余生をすごしたと伝えられる。そこが神陵となり、伊弉諾神宮の本殿に。本殿の前に、拝殿（写真）がある。

ること」は不具だったために流されて、次に試みると「あわしま」が生まれますが、これも不具。

占いの結果により、女の伊弉冉尊から声をかけてしまったのが不具の理由と知り、今度は伊弉諾尊から声をかけるようにするとうまくいきました。

まず淡路島。つぎに四国、隠岐島、九州……と、どんどん日本ができていきました。そして神々も生み出されたのです。

★この神社を中心に主要神社が配置されている!?

伊弉諾神宮は、日本列島の中で一番最初にできた淡路島にある神社です。

そこが日本で大事な場所であることをうかがわせるのは、伊弉諾神宮から見て、夏至の日の朝日の昇る方向に諏訪大社がある。伊弉諾神宮の真東に伊勢神宮がある。伊弉諾神宮から見て、冬至の日の日の出の方向に熊野があるのです。

正面の大鳥居。阪神・淡路大震災で倒壊したものの、神明鳥居としては日本最大規模を誇る花こう岩製の石鳥居として再建された。

冬至の日に夕日が沈むのが高千穂。真西が対馬にある海神神社《かいじん（わたつみ）じんじゃ》なんです。夏至の日の夕日は北西で出雲大社です。

太陽の動きに合わせて伊弉諾神宮を中心に大切な神社が配列されているというわけです。

伊弉諾神宮に行くと、これらが明記されています。

御祭神・由緒

「一宮《いっく》さん」「伊弉諾《いざなぎ》さん」と親しまれる淡路島の神社。国生み、神生みでおなじみの、伊弉諾尊《いざなぎのみこと》と伊弉冉尊《いざなみのみこと》が御祭神。

伊弉諾尊が隠退して住むべき所（幽宮《かくりのみや》）として選んだ場所とも伝わります。

平安時代末期には淡路国一宮に。

1885年官幣大社《かんぺいたいしゃ》に列格されました。

もとは２本の楠が、根を合わせて１株に成長した夫婦大楠《めおとおおくす》。

【結婚】東経135度線上にある古代の謎を秘めた神社

神出神社《かんでじんじゃ》

住所…神戸市西区神出町東　雌岡山
電話…078・965・2266

☆神出神社に行くときはぜひ、裸石神社と姫石神社にも寄ってみてください。
☆このエリア一帯の不思議さを感じてみましょう。

つながるポイント

★姫石神社と裸石神社それぞれに男性性と女性性、陰陽の磐座《いわくら》が

神出神社は東経135度線上、つまり日本の子午線上にある神社です。名前がおもしろいでしょ。神が出る神社。祀っている神様は素盞嗚尊《すさのおのみこと》と奇稲田姫命《くしなだひめのみこと》、大己貴命《おおなむちのみこと》です。

神出町には雄岡山《おっこつやま》と雌岡山《めっこつやま》という、よく似た山がふたつ並んでいます。両方はおよそ1キロ離れていて、神出神社があるのは、雌岡山の頂上です。

神出神社に行く途中には、磐座があって、姫石神社と裸石神社という神社に、それぞれに男性性と女性性、陰陽の磐座が。姫石神社には社殿はなく、磐座がご神体となっています。裸石神社はお社があり、男性自身を模した石がご神宝になっているといわれています。

★淡路島は日本の始まり。そして淡路には古代ユダヤ人の上陸の痕跡がある

神出神社から子午線を南へ行くと淡路島です。淡路島は日本の始まり。そして、ここには古代ユダヤ人の上陸の痕跡があります。東経135度は日本の中心。そして、「明石」と命名された土地。

姫石神社は５つの岩がご神体。社殿はありません。

神出神社社殿。

裸石神社の社殿。裸石は見えません。

「明るい石」って、何を指しているのかと考えると面白いでしょ。

そして神が出ると書く神出神社。

東経１３５度線については、千賀一生さんの『ガイアの法則』という本の中に、世界の古代の文明の変遷と日本との関わりが明記されていてたいへんおもしろいです。

結果だけ申し上げると、次はこの東経１３５度が、世界の文化の中心になるということなんです。壮大でしょ。

ですから今、東経１３５度線上にある神社に行くとおもしろいということです。

ほかにもいろいろありますから、興味のある方はぜひ調べてみてください。

御祭神・由緒

御祭神は、素盞鳴尊、奇稲田姫命、大己貴命。

素盞鳴尊と奇稲田姫命がここで会い、御子の大己貴命を生んだと伝わります。

素盞鳴尊と奇稲田姫命両神は、薬草を採取し人々の病苦を救い、まじないを教えて災厄を祓い、農耕を指導して生活の安定を図ったといわれています。

コラム　初めてでもカンタン！　すぐできるやさしい瞑想術

瞑想は、普段私達を支配する顕在意識を休憩させて、変性意識状態に移ります。つまり左脳を休憩させて、右脳を活性化させるのです。というとなにやら難しそうですが、初めてでもコツさえつかめばカンタンです。まずは家で何度かやってみてください。

まず、ゆったり座って目を閉じて、深くて長い呼吸をしましょう。からだの中の悪いものも含めて、どんどん吐き出すつもりで息を吐きます。思いきり吐き出すと、いいものが自然とからだに吸い込まれてきます。6吐いて、4吸う……くらいのリズムで、吐くのを少しだけ長くすると、とても落ち着きます。

日常のことは一切考えないようにしましょう。雑念が浮かんできたら、思い浮かんだことを認識して、「今はいらないから消えておいてね」と念じて息を吐きます。そうやって、心に浮かんでくることをどんどん取り去って、心を真空にしていきます。空白の時を過ごすというのが、瞑想といってもいいでしょう。

それで真空になった状態で、ひとときを過ごしてみます。もしかするとそのときに、素晴らしいアイデアなんかがぽっと思い浮かんでくるかもしれません。その直感は、天からの啓示だと思って大事にしましょう。

【時空を超える】場所とつながる音程を見つけて時空を超える

五色塚古墳《ごしきづかこふん》

住所…神戸市垂水区五色山4丁目
電話…078・707・3131
（五色塚古墳管理事務所）

つながるポイント

☆登った場所で、見つけた音階を声に出しながら軽い瞑想をすると、とても気持ちがよくなります。

☆自分がそこの場所とシンクロする、共鳴する音を見つければいいわけです。これをやってみると時空を超えてつながることができます。これで癒されると思うんですね。自分の中にある前世記憶と共鳴するのかもしれませんし、その共鳴が癒しのバイブレーションになるのかもしれない。行くタイミングによって音も違うのかもしれませんね。

★自分と共鳴する音、音域を探す

ここもほぼ東経135度線上にある古墳です。4世紀後半につくられたといわれています。住宅地の中に、忽然と現れます。「え、こんなところに？」って感じです。行ってみると、古墳の先っぽが海側で、高台になって、景色もいい。とても気持ちがいい場所です。

後ろの丸いところに登って行けるんです。登って行くと、ちょっとした丸い高台になっていますから、その円の中心部分に行って、自分と共鳴する音、音域を探してほしいんです。

「ドレミファソラシド」と声を出しながらでもいいですから、場所と共鳴する音域を探してみて

下から古墳を眺めたところ。小高い丘になっている。

ください。

すると自分から出す音程が場所と反響する、空気と反響するってのがあるんです。しっくりする音程ですね。じつは自分の発する声が、自分を癒しているってご存じでしたか？

自分にとって心地よい音程を使って、知らず知らず話をしているんですって。自分の声で実はセルフヒーリングができるといわれています。

★気持ちいい場所って、どんな場所!?

気持ちいい場所の理由って、何でしょうね。磁場か何かがあるのか。土地の中の成分が何かが多いとか。たとえばラジウムを多く含んだ石があるとか、物理的なものもあるし、神社など、すごく長い時間、誰かが清めているところも気持ちのよさを感じます。

天皇陵が気持ちいいと感じる空間なのは、まさにそれ。太古の昔から一定のやり方でずっと清められ

上に登ると見通しがよくて気持ちいい。

ているからだと思うんです。人が長時間かけて聖域にしようと努めている。それが気持ちいい空間をつくり出しているんだと思います。

★天皇家の御陵の清々しさ

それは天皇家の御陵に行くといつも感じることなんです。仁徳天皇陵や橿原神宮《かしはらじんぐう》、箸墓古墳《はしはかこふん》（卑弥呼の墳墓とも伝わる）も、同じ空気感があります。

天皇陵の気持ちよさは独特です。伊勢神宮も同じですね。

そういえば、伊勢神宮と兵庫県・西宮にある廣田神社の感じも似ています。廣田神社は天照大神《あまてらすおおみかみ》の荒魂《あらみたま》を祀っているんです。皇居も、武蔵陵墓地（多摩御陵）も、仁徳天皇陵も同じ感じがするんです。

その気持ちよさと五色塚古墳の気持ちよさは少し違います。

五色塚古墳は時空を超えて大切なものとつながっていけそうな安心感があります。

★人の意識は宙にある

たとえば、懐中電灯で1メートル先を照らしていると、みんなは光の先を見るでしょ。光が動けばそっちを見る。でもその光をつかまえようと思っても捕まえられない。もとは懐中電灯がつくり出すわけですから。

これと一緒で、人間の意識というのは宙《ちゅう》にあって、そこから発したものが体を表現に使っているだけかもしれません。もとは宙にあるんです。それが「気」ということです。

英語でいうと「ハイヤーセルフ」。ですから、この「気」が変わらない限り、心は何も変わりません。「気」は、現代の言葉でいうと「意識」ということになります。

意識がどういうふうに発するのかというので、行動やら発した言葉に表れるんですね。

由緒

4世紀後半につくられた、兵庫県下最大の前方後円墳。全長194メートル、高さ18メートル。古墳の周囲に幅約10メートルの堀をめぐらしています。

古墳は3段の斜面になっていて、築造当時は石を223万個（3000トン弱）使用したと推定されています。

国の史跡に指定されています。

【パワーアップ】大昔に神々がつくろうとした巨大な岩の宮殿!?

石寶殿《いしのほうでん》　生石神社《おうしこじんじゃ》

住所…兵庫県高砂市阿弥陀町生石171
電話…079・447・1006

つながるポイント

☆岩の上が見える、裏山に登ってみましょう。
☆素晴らしい景色の中、瞑想するのもいいものです。

★少彦名命《すくなひこなのみこと》は宇宙人グレイとイメージが似ている

こちらの御祭神は、みなさんも古事記などでよくご存じの、大己貴命《おおなむちのみこと》（＝大国主命《おおくにぬしのみこと》）と少彦名命です。少彦名命は一寸法師のモデルといわれていますが、奇想天外な話をさせていただくと、私は少彦名命は宇宙人じゃなかったのかと思うんです。彼はとても小さいですよね。グレイといわれる宇宙人がいるでしょ。まるでそんなイメージなのです。

少彦名命はガガイモの実の殻でできた小さな小さな船に乗って、蛾の皮を着て現れます。登場の仕方も不思議だし、やがては去っていってしまいます。突然現れて突然去っていくから、宇宙人っぽい。彼は、医薬でもって、困った人たちをいろいろ治すでしょ。その当時の人が持っていないものので、いろいろ治したというのですから、遠く……「外」からいらっしゃったのではないかと思うわけです。そしてからだが小さいから、グレイとイメージが似てくるのです。

★途中までつくられた岩の宮殿!?

生石神社のご神体は、巨大な岩。横幅6・4メートル、高さ5・7メートル、奥行き7メートルと、ちょっとしたビル並みに大きな石で、およそ700トンもあるそうです。岩の下には池があり、一本足で立っているようにも見え、角度によってはまるで水に浮いたように見えることもあります。

拝殿。その背後にあるのがご神体の岩。大きさがわかるだろうか。

岩が浮いたように見える。下は池。

大己貴命と少彦名命が、ここに宮殿をつくろうと話し合いました。

いよいよ完成間近というところまでつくりあげ、このとんがってるのを屋根としようとしていたときに、近くに争いがあり、二柱の神はその争いを鎮めに行ったものですから、この石は宮殿として完成せず、そのままになってしまったといいます。

裏山へと続く石段。

裏山の上から眺める景色。播磨平野、姫路城、明石大橋を望む。

★岩に対峙するだけで力がみなぎるのを感じる

神社の裏山に登れるようになっているので、ぜひ登ってみてください。瀬戸内海も見えて、それはいい眺めです。ここで瞑想したら、すばらしい気持ちよさだと思います。

ところで、この工事で生じた屑石の量も莫大だったということです。

「この屑石を人や動物に踏ませてはならない」と、1里（およそ4キロ）北にある霊峰高御位山《たかみくらやま》の山頂に整然と置かれていて、そこは禁足地になっています。

生石神社へ行ったら、もう無条件でパワーがアップします。岩に対峙するだけで力がみなぎるのを感じることができます。あまり裏山まで行く人はいませんが、頂上がとても広くて抜群の気持ちよさです。ここはおすすめ。ぜひどうぞ。

岩の下にある池は、今まで枯れたことがないといいます。

枯れたこともなければ、大雨や台風であふれたこともないそうです。たえず水の量が変わらないということですね。変わらず、なくならず、あふれない。そして石が浮いているように見えます。

御祭神・由緒

昔むかし、大己貴命と少彦名命の二神が、高天原の神々の指令を受けて、国をつくろうと出雲の国からこの地にやってきたときのこと。二神は相談し、国土を鎮めるにふさわしい石の宮殿をひと晩でここに造営しようとしましたが、工事半ばで阿賀の神一行の反乱を受けてしまいます。そのため二神は山を下り、数多の神々を集め、この賊神を鎮圧しました。

平常には還ったものの、夜明けとなりこの宮殿を完成させることはできませんでした。そのときに大己貴命と少彦名命は、「たとえこの社が未完であったとしても我々の魂はこの石に寵もり、未来永劫に国土を鎮めましょう」とおっしゃったといいます。

【聖域】古代日本の謎が眠る「元伊勢」、天橋立界隈と大江町

天橋立界隈…元伊勢《もといせ》 籠神社《このじんじゃ》 眞名井神社《まないじんじゃ》

住所…京都府宮津市大垣430
電話…0772・27・0006

大江町…元伊勢内宮《もといせないくう》 皇大神社《こうたいじんじゃ》

住所…京都府福知山市大江町内宮宮山217
電話…0773・56・1560

元伊勢外宮《もといせげくう》 豊受大神社《とようけだいじんじゃ》

住所…京都府福知山市大江町内天田内60
電話…0773・56・1560

天の岩戸神社《あまのいわとじんじゃ》

住所…京都府福知山市大江町佛性寺
電話…0773・56・0324

つながるポイント

☆元伊勢でも、伊勢神宮と同様に、大きなもののしあわせを念じてみてください。うまくつながりやすいと思います。

★天橋立界隈と大江町、どちらも素晴らしいエネルギーに触れることができる

「元伊勢」という言葉をご存じの方もいらっしゃることと思います。この元伊勢には、今も素晴らしいエネルギーが満ちています。そのエネルギーに触れることができるのが、天橋立界隈と大江町です。近くにありますから、ぜひどちらにも触れてみてください。

★元伊勢とは

天照大神《あまてらすおおみかみ》は、崇神《すじん》天皇の時代までは天皇と同じところに祀られていました。それを畏怖した天皇

が、皇女に、神霊が降りてくる理想的な場所を探させます。今の三重県伊勢市の伊勢神宮に鎮座されるまでに、鎮座地を求めて各地を転々としたのです。その場所を「元伊勢」といいます。

みなさんご存じのとおり、伊勢神宮の内宮《ないくう》には天照大神が、外宮《げくう》には天照大神のお食事を担当する豊受大神が鎮座されています。豊受大神は丹後地方（つまり天橋立方面）にいらっしゃったといわれています。

やがて今の伊勢神宮に落ち着くと、「与謝野《よさの》（天橋立のある一帯の名称）にいたときの豊受《とようけ》が懐かしい。ぜひ近くに呼びたい」と言って、豊受大神を招き寄せました。それで今も外宮には豊受大神が鎮座されているのです。

豊受大神を祀る伊勢の豊受大神宮（外宮）では、創建された1500年前から現在までずっと、天照大神に神饌を奉るお祭りが、毎日朝夕2度行われています。

ものすごく急な崖の斜面に建つ天の岩戸神社の社殿。

★天橋立は天に架かる橋だった!?

さて、日本三景の1つとして、美しさを誇る天橋立。

ここはもともと、籠《この》神社の参道として発祥したものといわれます。そして昔から、天と地、神と人とを結ぶ架け橋として信じられてきました。

たとえば、『古事記』に登場する伊邪那岐命《いざなぎのみこと》と伊邪那美命《いざなみのみこと》、二柱の神が降り立った「天浮橋」は、この天橋立だという説もあります。

古い書物には、海橋立、海浮橋という表記もあるのだそうです。つまり、日本の神話、国生みの物語のかなめの舞台が、天橋立であったとも考えられるのです。

元伊勢 籠神社の拝殿。徒歩 10 分で天橋立。

「天橋立」という言葉から私が感じるのは、これは、天に通じるハシゴだったんじゃないかということ。股のぞきをすると、まさに天につながる橋のように見えます。

「天橋立」は陸と陸とをつないでいますが、これをタテに（垂直に）したと想像すると……。

天に通じるハシゴでしょう。それが倒れて今のような形になったのか、またはそういう比喩表現にしたのか。とにかく天に伝わるアクセスとしてあるのが天橋立なんですね。

その天橋立の行き着くところに元伊勢 籠神社があります。天橋立ハシゴ説を考えると、籠神社は天空に位置するに近い場所ともいえると思います。

★元伊勢は、大きな祈りを捧げるにふさわしい場所

籠神社の奥宮にあたるのが、眞名井神社です。神代の時代にここに豊受大神が降り、五穀と養蚕を丹波地方に伝えたといわれます。

元伊勢内宮 皇大神社の遙拝場。禁足の御神山の日室ヶ嶽を望む。

私が友人たちと眞名井神社に行ったときのこと。ちょうど雨降りで、傘をさしてのお参りでした。いざお参りする段になって、拝殿に並んだとき、「ここは、個人的にお参りするより5人みんなで、なにか大きなことをお祈りしたほうがいいような感じがするよね」となりました。みんな一様にそう感じたようでした。「いい機会だから、世界平和とか、そういう大きなことをお祈りしよう」となって、横一列に並んで、みんなでお参りさせていただきました。

すると、誰かの携帯電話のマナーモードが1回、ブルブルと響きました。

お参りのあと。「せっかくお祈りしてたのに、誰の携帯が鳴ってたの!?」となって、みんなそれぞれの携帯を出して確認しましたが、誰の携帯も着信がありません。

籠神社の奥宮の眞名井神社。

「誰のでもないんだったら、今僕らが聞いた、ブルブルは何だったの!?」って。不思議でしょ。

だってほんとうに5人のほかには誰もいなかったのですから。「ちょっと待って。今のブルブル、『マナー音』って言うよね、しかも1回だったよね。マナーが1回。それ、マナイだ！」

つまり、「ここは、個人的な祈りじゃなく、世界的な大きなことを祈るのに適したところ」という私達の思いが、合ってるよっていう合図なんじゃないかという結論になりました。気づいたら雨がやんで、パッと日が射してきました。

だからおそらく、ここはそういう厳かなところ。世界規模な祈りを捧げるのにふさわしい場所なのだと思います。

★眞名井神社の神紋は六芒星で、ダビデの紋章と同じ

ちなみに眞名井神社の神紋は六芒星（今はありません）で、ダビデの紋章と同じです。旧約聖書で「マナ」とは、イスラエルの民がエジプトを出てさまよって飢えたときに、天から降ってきた聖なる食べ物のことをいいます。

豊受大神が食べ物を司る神様で、この眞名井にいらっしゃったこと、そして眞名井神社の神紋の六芒星を考えると、古代ユダヤとのつながりを連想せずにはおられません。

★天橋立神社は文殊堂の鎮守社

天橋立の中にある天橋立神社は、智恩院の文殊堂《もんじゅどう》の、海をはさんでお向かいにあります。豊受大神、大川明神、八大龍王をお祀りする神社で、すぐそばを海が囲んでいるのにもかかわらず、少しも塩からくない磯清水と呼ばれる湧水をたたえた井戸があります。

籠神社も、眞名井神社も、天橋立神社も、すべて龍神に絡んだエピソードがあるのも非常に興味深いです。天橋立自体も、高いところから見ると龍が飛んでいるように見えます。

★ほど近くの大江町にも元伊勢説がある

天橋立から20キロほど離れた場所。百人一首にも詠まれている大江山をはさみ、ちょうど対称になるような位置関係にある福知山市大江町にも元伊勢説があります。元伊勢内宮　皇大神社と元伊勢外宮　豊受大神社がそれ。

元伊勢内宮　皇大神社に行くと、伊勢神宮にあるのと同

大江町の元伊勢外宮 豊受大神社。

じく五十鈴川があり、宇治橋もあるんです。また内宮の近くには天の岩戸神社があり、付近は切り立った渓谷になっていて厳かな雰囲気が漂っています。

大江町の内宮から天の岩戸神社に行く途中に、遙拝場があります。禁足の御神体山、日室ケ嶽《ひむろがたけ》で、この山がきれいな三角なのです。ピラミッドじゃないかともいわれていて、古くからの山岳信仰ともかかわっているのかもしれません。

天橋立か大江町か、元伊勢がどちらなのか正解はわかりませんし、あるいは両方とも元伊勢なのかもしれません。豊かな謎がそのままある聖域。そこには今も大きなパワーがみなぎっています。

丹後半島の歴史はとても豊かです。足を伸ばせば、日本書紀にも出てくる浦島太郎伝説がある浦嶋神社（宇良神社）や、徐福《じょふく》伝説の残る新井崎《にいざき》神社などもあり、いずれもすばらしいエネルギーに満ちています。

御祭神・由緒

◆元伊勢 籠神社の御祭神は彦火明命《ひこほあかりのみこと》、天照大神、豊受大神、海神《わたつみのかみ》、天水分神《あめのみくまりのかみ》

◆籠神社奥宮 眞名井神社の御祭神は豊受大神

由緒：神代の時代に奥宮眞名井原に豊受大神をお祀りしていましたが、ご縁があり、崇神天皇の御代に天照大神が大和国からうつられ、与謝宮（吉佐宮）として一緒にお祀りしていました。

その後天照大神は垂仁《すいにん》天皇の御代に、また豊受大神は雄略《ゆうりやく》天皇の御代に、それぞれ伊勢へとうつり、それから元伊勢といわれています。

二柱の神が伊勢におうつりのあと、天孫彦火明命を主祭神とし、社名を籠宮《このみや》と改め、元伊勢の社として、また丹後国の一の宮として崇敬を集めています。

宮司の海部《あまべ》氏は、神社創始から血脈直系の世襲が続いていて、現在で八十二代。

◆元伊勢内宮　皇大神社の御祭神は天照大神

由緒：崇神天皇の御代、天照大神の神霊を豊鍬入姫命《とよすきいりひめのみこと》の身に憑け、天照大神の神勅により、丹波の国のここ宮山に最初の遷座が行われました。

その後、次代の垂仁天皇は、天照大神の神霊を、豊鍬入姫命から倭姫命《やまとひめのみこと》に移します。

倭姫命は、神霊の鎮座地を求め、大和、紀州、近江、美濃など、各地の巡幸を経て、五十鈴の川上に鎮座して今に至ります。

旅の途中でこの大江町の地に宮殿を建立し、奉斎したとの由緒があります。

天照大神が伊勢に鎮座された後も、この地での崇敬が今も続いています。

◆元伊勢外宮　豊受大神社の祭神は豊受大神

由緒：創始の年代は崇神天皇の御代。天照大神が倭国笠縫邑《やまとのくにかさぬいむら》からの巡幸のときにつくられたそう。御山を比沼の真名井ヶ原と呼びますが、伊勢外宮の縁起を伝える古い書物には「伊勢外宮は、丹波国比沼真奈井に鎮座する豊受大神を遷座したもの」という記録が残るそうです。

◆天の岩戸神社の祭神は櫛岩窓戸命《くしいわまどのみこと》・豊岩窓戸命《とよいわまどのみこと》

由緒：元伊勢三社のうちの1つ。天照大神がこもった聖地で、真名井ヶ原・真名井ヶ池・楽の堂・鱒池・鮎返りの滝……などの地名旧蹟があります。中でも「産盥《うぶだらい》の霊水」は、干ばつのときにこの水を少しだけ汲んで注ぐと、かならず神雨が降ると信仰されています。

コラム　古代の日本の神々は、ユダヤから訪れたのか？

☆古代日本と古代ユダヤが非常に似ている

日本の古い神社などで、ダビデの六芒星が描いてあることがたまにあります。

古代日本と古代ユダヤが非常に似ていることに気がついた研究者は少なくありません。

たとえば神社の鳥居。古代ヘブライ（ユダヤ）の建物の玄関口とそっくりなのだといいます。

そのほかにも、実は相似を挙げるとキリがないほどなのです。青森には「キリストの墓」があるくらいですから。

☆幻のムー大陸

幻のムー大陸の話を耳にしたことがある方もいらっしゃると思います。

ムー大陸が海に沈んだとき、高い山に登った人たちは生き残ることができました。その高い山というのが、今でいう日本、ハワイ、ニュージーランドなどの島々のことです。

日本で生き残った人々もいて、彼らはもちろんムー大陸の叡智をもっていました。しかしそのうち、日本の陸地が、地震など、なにかしら住むのに不都合なことがあって、彼らは大陸へと渡りました。

大陸に渡ってからも安住の地を求め、ずっと西のほうに旅しました。

イスラエルで、「ああ、きっとここが安住の地だ」、ということがあったのにもかかわらず、結局その地を追われてしまうことになります。それでふたたび日本に戻ってきたわけです。

日本でも、みんながみんな西に渡ったわけではなく、もともと日本に残っていた人達もいました。残っていた彼らが、縄文人です。

西から帰って来た人たちもやってきて、それが何派にも分かれては結びとほどけを繰り返し、「やっぱりここが自分達のいるところだ！」となりました。

何百年、何千年という歴史があって、ユダヤの人たちが日本に帰ってきた、帰化したわけです。

☆自分たちがどこから来たかを考えると、面白い

それがアマテラスやスサノオ、オオクニノヌシ、スクナヒコナだったり…日本の神々の原型とも考えられるのです。

なんてね。そんな考え方もあって、決して奇想天外とは言い切れない、不思議な符合がたくさんあるのです。

自分たちがどこから来たかを考えると、面白いでしょ。

【心身の新陳代謝】古代ロマンが漂う不思議なライン

吉備津彦神社《きびつひこじんじゃ》

住所…岡山市北区一宮1043
電話…086・284・0031

吉備津神社《きびつじんじゃ》

住所…岡山市北区吉備津931
電話…086・287・4111

吉備の中山《きびのなかやま》

つながるポイント

☆吉備の中山の磐座《いわくら》で深呼吸。太陽の光を全身に浴びて細胞のすみずみにまで光を届けるようにイメージしてみてください。

☆曇っていたら、太陽を意識してやってみればＯＫ。たとえ見えなくても、あなたの頭上にあたたかく輝く太陽をイメージしましょう。

★２つの神社の間にある太古のロマンが薫るパワースポット

吉備の中山を中心に、吉備津彦神社と吉備津神社、２つの神社があります。

前者は備前の国の、後者は備中の国の一の宮です。両社とも素晴らしい神社ですが、せっかくなら吉備の中山という、真ん中へ行くのがおもしろいと思います。

じつはそこが知る人ぞ知る、聖域……パワースポットなのです。

吉備津彦神社の奥宮があるのが、吉備の中山ですが、吉備津彦神社からも吉備津神社からも行く

吉備津彦神社の社殿。

ことができます。吉備の中山はご神域です。往復2時間ほどかかりますが、行かない手はありません。

ここは吉備津彦神社、吉備津神社、吉備の中山、ぜひすべてを歩いてみてください。

吉備津彦神社・吉備津神社、両社とも、大吉備津彦大神がご祭神です。

★巨石が御神体としてお祀りされている

吉備津神社方面から中山に行くと、茶臼山《ちゃうすやま》古墳がありま す。おそらく、吉備のご祭神となった方の古墳なのではないでしょうか。

管轄は宮内庁で、立ち入ることはできません。

古墳から吉備津彦神社のほうへ歩いていくと、吉備津彦神社の奥宮や巨石群が現れます。巨石が、環状遺跡……ストーンサークルになっていて、巨石が御神体としてお祀りされています。磐座なのです。

古代から神聖視され続けてきた御神体というわけです。

吉備津神社の御祭神は桃太郎伝説のモデルとしても知られる。

吉備中山にある巨石群の１つ。

★鳥居の正面から太陽が昇り、神殿の御鏡に太陽が入る

社殿がまだなかった時代、人々は自然の大きな岩に神様が鎮座されていたと考えていました。

夏至の日にはこの場所と、吉備津彦神社の本殿を結ぶ延長線上に太陽が昇ります。

吉備津彦神社は5月に磐座祭を行って、この神社を中心にして吉備の中山にあるほかの古墳や岩を巡ってお祈りし、お祀りをしています。

あたりには経塚があって、お経を埋めていたといいます。ここは八大龍王も祀られています。

御祭神・由緒

吉備津彦神社の御祭神は大吉備津彦命。古代より背後の吉備の中山に巨大な天津磐座(神を祀る石)磐境（神域を示す列石）を有し、山全体が神の山として崇敬されてきました。第10代崇神《すじん》天皇の御世に大吉備津彦命もこの山に祈り、吉備の国を平定し、現人神として崇められました。大吉備津彦命の吉備中山の麓の屋敷跡に社殿が建てられたのが神社の始まりです。

夏至の日の出には太陽が正面鳥居の真正面から昇り神殿の御鏡に入ることから「朝日の宮」とも称されます。古代邪馬台国の女王・卑弥呼は、大吉備津彦命の姉という説もあります。

吉備津神社は大吉備津彦命を主神とし、その一族の神々を合わせ祀っています。十六代仁徳天皇が吉備に行幸された折、大吉備津彦命の功をよみして社殿を創建したといわれます。

【自然との調和】仏教の聖地の名を冠し、宗像三女神が護る世界遺産

弥山《みせん》

住所…広島県廿日市市宮島町
電話…0829・30・9141
（廿日市市環境産業部観光課）

つながるポイント

☆満潮のときは海の中の鳥居を見て、嚴島神社にお参りし、弥山へ登って下りてきたら、ちょうど干潮の時間帯になっています。ぜひ、このとき鳥居をくぐってみてください。
☆潮の満ち干に、月の満ち欠けへと思いを馳せて、自然との調和に思いを寄せると、うまくつながることができます。
☆干潮時と満潮時、その両方の宮島を心に刻んでください。

★弘法大師空海開基の修行場だった

弥山は日本三景の1つ、宮島（嚴島）の中心にそびえる山です。「日本三景の一の真価は頂上の眺めにあり」と讃えた伊藤博文が、登山道の整備を行いました。

「弥山」という名前は、古代インドの世界観の中心にある須弥山《しゅみせん》という山に形が似ていることから名付けられました。

「三千世界」という仏教の世界観があり、その中心にあるのが須弥山。ヒマラヤ山系にある聖地カイラス山は「須弥山」とも呼ばれ、チベット仏教やヒンズー教の聖地でもあります。

約1200年間燃え続けているといわれる火。空海の護摩焚きの火と伝わる。

そんな弥山は、８０６年にこの地を密教の修行場として、弘法大師空海が開基しました。

宮島に行くときはまず嚴島神社を参拝し、そのあと弥山に登るのがいいでしょう。

ロープウェーで最終地点まで行き、そこから歩きますが、やがて巨石群が現れます。空海が建てたといわれるお堂もあります。

ここには当時から燃え続けている火があって、この火を使ってお湯を沸かしており、それをいただくことができます。

★宗像三女神を祀る御山神社《みやまじんじゃ》の気が素晴らしい

お堂を回り込んでいくと、御山神社《みやまじんじゃ》があります。

３つの社があり、嚴島神社と同じく、市杵島姫命《いちきしまひめのみこと》、田心姫命《たごりひめのみこと》、湍津姫命《たぎつひめのみこと》の宗像三女神《むなかたさんにょしん》を祀っているのだと思います。

ここはとても気持ちいいです。景色もすごくいいですしね。

おなじみ、海の中に建つ嚴島神社の鳥居は、満潮時のもの。

★嚴島神社と佐伯鞍職《さえきくらもと》の物語

ここでは神社の由緒が大切なポイントになりますから、詳しく紹介しておきましょう。

およそ1400年前。推古天皇の御代に、奈良で宮廷の護衛役をしていた佐伯鞍職《さえきくらもと》という人がいました。

その頃都では「七色の声で鳴く鹿」が話題になっていて、天皇が「ぜひ見たいから連れてこい」と言い出しました。公家の公達が尻込みしていたところに、佐伯鞍職が「私が捕まえてきましょう」と鹿を探しに出かけます。

しかし、いくら探しても見つからず、また見つかったとしても捕ることができませんでした。

「鹿が獲れない」と悩んでいるとき、目の前に例の鹿が現れたのです。

彼は弓の達人でしたので、持っていた弓で射ったところみごと命中したので、天皇のもとへ鹿を持って行きました。

干潮時は同じ鳥居が、これこの通り。

すると何もしなかった公達が嫉妬心からか「この鹿の毛並みは黄金である。昔より黄金の鹿は神の遣いと尊ばれてきた。その尊い鹿を殺したとは重罪である」と、推古天皇に上奏しました。

結果、鞍職は重罪となり、安芸へ流されることになりました。

流されてすることがなくなった鞍職は、安芸の海でぼーっと釣りをしていました。

そのとき彼方から紅の帆を張った船が現れました。よく見るとそれは瑠璃《るり》（ガラス）の壺で3人の姫君がいました。

「我々は西国にいたが、思うことあってはるばるやってきました。我らはこの地に住もうと思うので、よいところを案内してください」と仰せられました。

鞍職が恩賀島などを案内して「三笠の浜」に来たときに、「ここに神殿をつくり我らを嚴島大神として祀られよ」と託宣されました。

しかし鞍職は重罪人の身、勝手なことはできないと思い、「朝廷にお願いをしなければなりません。申し上げるには託宣の裏付けが必要です」と答えました。すると三女神は「お前が奏上するときに空に奇妙な星が現れて宮廷の公達を驚かすでしょう。そのとき多くの鳥が集まって、宮廷の榊をくわえるでしょう。それを証拠とするように約束して奏上しなさい」と言われました。

鞍職は都にのぼり、三女神の託宣を奏上したとき、まさに予言通り、奇妙な星が光り、多くの鳥が集まり、榊の枝をくわえに来たのです。

それを見て推古天皇は奏上に間違いがないことに感心され、神殿創設となり、この地方を佐伯郡と定め、鞍職は初代の嚴島神社の神主に命じられました。（参考資料『太古における嚴島史』広島郷土史研究会編集）

★嚴島神社を開いた、佐伯鞍職に会った!?

この話をするとね、「まるで会ってきたみたい」と言われますが、じつは会ってきたんですよ、佐伯鞍職に。

知り合いに佐伯という人がいまして、彼女に広島を案内してもらっていたのです。広島には佐伯郡というところがあるのですが、佐伯さんのご主人はそこのご出身だったんですね。

あるとき、彼女が海外のヒーラーのアテンドをしたときに、報酬として過去世のリーディングをしてもらうことになったそうなのです。

「でも、あなたじゃなくて旦那さんをリーディングします。なぜなら旦那さんはここをつくった過去世を持っているから」と言われたのだそうです。

私もご一緒した夕食で、その旦那さんと初めてお目にかかったら、日本人なのに、どこかユダヤ人を彷彿とさせる聖者のようなお顔立ちをしていらっしゃる。「ははあ、これは絶対、旦那さんの前世は鞍職ですね！」となった次第です。

ちなみに、嚴島神社は、全国に約500社ある嚴島神社の総本社。

御祭神は市杵島姫命、田心姫命、湍津姫命の海にまつわる宗像三女神《むなかたさんにょしん》を祀っています。神仏習合時代に、市杵島姫命は弁財天と習合しました。

御祭神・由緒

嚴島《いつくしま》とは、「神を斎《いつ》き祀《まつ》る島」という意味。つまり、島そのものが神様だったのです。

平安末期には平氏一門の崇敬を受け、1168年に平清盛が社殿を造営しました。

現在に見る壮麗な建築は、清盛の建築様式を色濃く残しています（火災で焼失したため、現在の社殿は1240～1243年ごろの造営）。

嚴島神社は平家の氏神となり、一門の隆盛とともに嚴島神社も栄えました。平家滅亡後も、時の権力者の崇敬を受け、栄え続けることになります。

ユネスコの世界遺産リストに、嚴島神社社殿と弥山がセットで登録されています。

【統合と昇華《しょうか》】古いものに新しいものを重ね、生み出す新たな力

宇佐神宮《うさじんぐう》

住所…大分県大分市南宇佐2859
電話…0978・37・0001

つながるポイント

☆私が宇佐神宮でいちばん好きな場所は、奥宮《おくみや》のある御許山《おもとやま》。禁足地なので奥へ入ることはできませんが、天と地、両方につながることができる気がする場所です。なんとなく、紫の光……薄紫のベールがかかったような神聖さに包まれています。神に近い場所なのだと感じます。

☆この山にある大元神社《おおもとじんじゃ》（宇佐神宮の元宮《もとみや》といわれます）に行って瞑想すると、天と地の間《はざま》に自分がいることを、あらためて感じることができます。

★もっとも多い神様・八幡様《はちまんさま》の総本宮《そうほんぐう》

全国の神社の中でも、お祀りされている神様がいちばん多いのが八幡様。全国約11万社の神社のうち、4万600ほどが八幡様にあたるといわれます。

その総本宮がこちら、宇佐神宮です。

九州は大分県の宇佐は、出雲や畿内と同様に、神代の時代から開けていた土地だったようです。お祀りされているのは応神《おうじん》天皇のご神霊である八幡大神《はちまんおおかみ》と、そのお母さんである神功《じんぐう》皇后、そして比売大神《ひめおおかみ》です。

宇佐神宮上宮。３つの神殿が並んでいる。

八幡信仰は、仏教と神道とが習合しながら、広く祀られていきました。この神仏習合《しんぶつしゅうごう》についてはまたあとでお話します。

★左から順にすべてお参りを

国宝の本殿は、向かって左側の一之御殿《いちのごてん》は、応神天皇を祀っています。

向かって右側が三之御殿《さんのごてん》で、神功皇后。真ん中が二之御殿《にのごてん》で、比売大神。こちらは宗像三女神《むなかたさんにょしん》（多岐津姫命《たぎつひめのみこと》・市杵嶋姫命《いちきしまひめのみこと》、多紀理姫命《たぎりひめのみこと》）といわれています。

八幡大神《はちまんおおかみ》というと、応仁天皇が主神と思いがちですが、３つ並んだ真ん中は、比売大神。この秘密が奥宮にあります。

奥宮は、御許山という山の山頂にあり、そこに宗像三女神が降りてきたとして祀られていました（宇佐神宮の境内には、御許山の遙拝所があります）。そのずっと後に、応神天皇と神功皇后をお迎えして

神聖な空気が満ちている御許山の奥宮（大元神社）。

いるのです。

奥宮に行くといちばん最初の……まだ、ここが大和朝廷の政治的なものに関わるずっと以前の、神様がここへ降りていらした頃の空気を感じることができます。アニミズムに近いです。ここに、この神社の本質があるような気さえします。

時を経て、さまざまな要素を統合しながら、地の神様に新たにお祀りする神様を重ねつつ、新たなコンセプトへと昇華させていく。そして千年以上も栄える素晴らしい祈りの場所になったわけです。

いずれか1つをお参りするのを「片参り」といって嫌いますので、お参りするときは上宮下宮の両方をお参りしてください。

二拝四拍手《にはいしはくしゅ》一拝《いっぱい》といって、宇佐神宮では、四回手を打つ「四拍手《よんはくしゅ》」が古くからのならわしです。

★政権にかかわるご神託《しんたく》が多い

宇佐神宮からは、政権にまつわるご神託が多く出ています。中でも有名なのは、東大寺の大仏建立《こんりゅう》についてでしょうか。

奈良の東大寺の大仏が聖武《しょうむ》天皇の発願《ほつがん》で建立されたのは、745年のことです。

全国で疫病がはやり、社会情勢が不安定になったときに、聖武天皇はその打開策として大仏の建立を思いつきます。ちょうど大陸から仏教が伝来し、皇族にも広まり始めた頃。しかし、誰に反対され、邪魔をされるかしれません。そこで聖武天皇は、宇佐の八幡大神の神託を仰ぎます。

すると八幡大神は「天の神、地の神を率いて、わが身を投げうって協力し、東大寺の建立を必ず成功させる」と答えたというのですから、これほど心強いことはありません。

さらに「大仏に塗る金が不足しても、必ず国内から見つかる」とも託宣を出しましたが、そのとおり、後日陸奥《むつ》の国（東北）から、金が献上されたのです。

大和朝廷と宇佐神宮が、非常に仲がよかったということです。

★和気清麻呂《わけのきよまろ》の話

和気清麻呂の話も有名です。

当時、しばしば政治に介入し、皇位を狙っていた道鏡《どうきょう》という高僧がいました。皇位継承について悩んだ時の天皇の勅命を受け、官僚であった和気清麻呂は、ご神託を授かるために宇佐神宮に走ります。八幡大神曰く「我が国は開闢《かいびゃく》以来、君臣の分定まれり。臣を以って君と為すこと未だあらざるなり。天津日嗣《ひつぎ》は必ず皇緒を立てよ。無道の人は宜しく早く掃除《そうじょ》すべし」。これを都に持ち帰ります。

皇位継承の道を阻まれた道鏡は激怒。和気清麻呂の足の腱を切り、大隅国《おおすみこく》へ島流しに。そのうえ刺客を送り込み、命を奪おうと企みますが、清麻呂が宇佐神宮に詣でたところ、神々の守護で数々の奇跡が起き、清麻呂は守られました。

こうして宇佐神宮のご神徳は後世にまで伝えられることになります。

後に和気清麻呂は、平安京遷都の立役者として活躍しました。

★宇佐神宮は神仏習合の先駆けでもある

ご神託として、神様が仏様のことを「わたしも応援するから大丈夫。すべてがうまくいくから東大寺を建てなさい」と言う。少し不思議な気もしますが、これこそが昔から日本に伝わる神仏習合の考え方です。

日本では神と仏は、厳密には別の信仰でありながらもたいへん仲がよく、寺が守護神を持ったりしてきました。

東大寺は、大仏建立に協力した宇佐八幡大神を勧請して鎮守としましたし、延暦寺は日吉大社、東寺は伏見稲荷大社を、それぞれ守護神としています。

神仏習合は、明治政府による神仏分離令で廃仏毀釈《はいぶつきしゃく》が行われるまで続きました。神仏はそれぞれが補いあいながら、日本独特の信仰体系として存続してきたのです。今でもときどき見られる、お寺の境内に鳥居があるような形は、神仏習合の名残りだといえます。

御祭神・由緒

三殿一徳のご神威があり、古来より霊験あらたかと伝わります。

一之御殿に祀られている御祭神は、応神天皇の神霊である八幡大神。応神天皇は大陸の文化と産業を輸入し、新しい国づくりをされた天皇です。八幡大神は、571年（欽明天皇の時代）に初めて宇佐の地にご示顕になり、お祀りしたのが宇佐神宮の創立。725年のことです。

八幡神が祀られた6年後、神託により二之御殿が造立され、比売大神を祀りました。宇佐は神代から開けており『日本書紀』には「神代に比売大神が宇佐嶋にご降臨された」と記されています。

比売大神は八幡大神が現われる以前の古い神、地主神として崇敬されてきました。そして三之御殿には応神天皇の御母、神功皇后が祀られています。こちらも神託によって、823年に建立されました。

【世界平和】宇宙スケールの神社は「扉が開く」という名を冠す

幣立神宮《へいたてじんぐう》

住所…熊本県上益城郡山都町大野712
電話…0967・83・0159

つながるポイント

☆世界平和とか、人類のしあわせとか、そうしたスケールの大きな祈りを捧げることです。そこへチャンネルを合わせることで、より大きなエネルギーにつながることができると思います。

★日本を代表するパワースポットの要所の1つ

関東地方から九州地方を貫くラインで、およそ1000キロに渡り日本列島を縦断する断層のことを「中央構造線」といいます。断層ですから、エネルギーが大きく、その大きなエネルギーを象徴するかのように、中央構造線上には「龍」や「竜」のつく地名が多いです。地図上の中央構造線を眺めると、龍のようにも見えます。

そしてここには、鹿島神宮、諏訪大社、伊勢神宮、高野山、石鎚山、阿蘇山など、日本を代表するパワースポットの要所が並んでいます。

その1つ、阿蘇外輪山の南すそ野にあるのが幣立神宮。中岳が真北に見えるところです。

★神代の時代、よりも遡る!?

幣立神宮の歴史は、一般的に知られている神代の時代よりずっと前に遡ります。ちょっとスケール感が違うのです。

ここは高天原神話の発祥ともいわれる場所。

人が世界に現れたときに、人類みんなが仲良くないと宇宙全体のバランスを崩してしまうとして、人の世を平和にするべく、ご降臨の神様がヒノキの梢にお鎮まりになりました。

こちらのご祭神の神漏岐命《かむろぎのみこと》・神漏美命《かむろみのみこと》です。

この二柱の神々は、人類の平和のために、おいでになる神々と、とらえることができます。

もう日本をはるかに超えて、地球規模の話になってきました。

清水が流れ出る池、東御手洗《ひがしみたらい》がある。
左右の筒から出る水の味が違うそう。
八大龍王が鎮まるといわれる。

★宇宙から訪れた神々なのか!?

由緒によると、神漏岐命・神漏美命がここにお鎮まりになり、この神の名を「神代文字《しんたいもじ》」（漢字が伝わる前に日本にあった文字とされるもの。賛否両論あります）で、

《あそひのおほかみ》

と表しています。

それぞれの神代文字には、次のような意味があるそうです。

：太陽が大地に降りる。始まり。朝日、太陽のように輝く物体（宇宙船？）が地上に降り立つ

：人は木より生まれる。山に木がある

：人となる。山に人が住む。神がこの地に生まれ、日の元の人となる

：野に日がある時。昼。伸びる。落ちた

：人として地上に降りる。地上に降りて足をつける。宇宙船は木にとまった

：この地を守る。この地に人として降り立ち、この地を守り続ける。この地に留まった

：日が陰る時。木をなぎ倒し宇宙船は去っていった

：人は木に留まり休む。ここに宮を創り、神として祀った

（『青年地球誕生　―いま蘇る幣立神宮―　』より）

これが「あそひのおほかみ」の意味。なんだかもうすっかり宇宙人の話みたいじゃないですか。

★世界平和を祈る古来からのお祭りがある

幣立神宮に残る由緒によると、「日本にはもともとスメラミコトがいて、黄色い人々である。彼らが全世界に散らばっていった。土地にあわせて黒くなったり白くなったり赤くなったりしたが、一堂に集まったときがあった。それが五色神の祭りというもので、世界中のまつりごと、平安を祈っていた。それが幣立の場所で行われていた」とあります。

巨大な杉やヒノキに覆われる参道。幣立神宮の森は、ヒノキや杉木立が町指定の天然記念物。

太古の昔から行われていたという「五色神祭」は昭和になってから復活。すべての人種が、幣立神宮に祭典日にあわせて集まって、世界平和を祈るお祭りをするのです。

幣立神宮には五色神の神面がありますが、黄、青、白、黒、赤の五色は、人類を五色に代表しています。黄色が中心、もとの色です。

それぞれの代表の神々が広間に集まり、地球の安泰と人類の幸福を祈るという壮大なお祭りです。

8月23日に行われ、5年ごとに大祭、その間4年は、小祭が行われます。

★「扉を開く」神社とは!?

天照大神は天岩戸から出て、元の宮、幣立神宮にご帰還になったといわれています。「太陽が再び出たときに行った神宮」などと伝えられているのです。

幣立神宮は通称「高天原・日ノ宮」（日ノ宮は、天照大神、その子孫の天皇の住む御殿のこと）と呼ばれる。写真は拝殿。

幣立神宮がある町は、今は町名変更して別の名前ですが、２００５年に合併するまでは「蘇陽町」といいました。太陽が蘇ると書きます。そんな名前、なかなかありませんよね。

★「へいたて」はホピ族の言葉で「扉が開く」意味

じつはね「幣立」という言葉は、ホピ族（ネイティブアメリカン）の言葉で、「扉が開く」という意味なのだそうです。

たしかジュディース・カーペンターというヒーラーが、そんなふうに言っていました。

彼女は、「幣立」という言葉も何も知らなかったのに、自分が子どものときに、五色のお面が集まって祭りをしているビジョンを見たんだそうです。

その後さまざまなことを経て、世界地図を見ていたら、「この島の聖地に石を納める」と神事が下り、導かれるように日本に来たそうです。

実際に幣立に来てみてびっくり……。その彼女が、「ヘイタテはホピ族の言葉で『扉が開く』という意味だ」と言っていたそうです。

御祭神・由緒

神漏岐命・神漏美命のほかにも神様がお祀りされていて、大和民族の親神である大宇宙大和神《おおとのちおおかみ》、天《あめの》御中主大神《みなかぬしおおかみ》、天照大神が主祭神です。

その他にも多くの神代時代の神々がお祀りされています。

大宇宙大和神は、あまりお祀りする神社を見かけない謎の神様で、万物の親神と考えられています。

日本民族の歴史の原点を語る神々と、宇宙根源神がお祀りされているのです。

あとがき

たくさんの人たちのあたたかな支えをいただいて、この本を出版することができました。

いつも最高の理解者としてサポートしてくれる妻の直美、モチベーションを高めてくれる青空さん、ユーストリーム放送「すぴトークちゃねる」で楽しい番組を共演してくださるイシスの小野江理子さん。そして、クラブワールドのスタッフたちの理解と協力があってこそ、夢をかたちにできました。またパワースポットツアーを生み出す勇気と励みを与えてくださる島津弥生さん、古川浩一郎氏、小林貴絵子さんをはじめ、クラブワールドのツアーに参加していただく皆様方に感謝申し上げます。

さらに、私のもう1つの扉を開くきっかけをくれた、セドナのメンター、クレッグ・ジュンジュラス氏、スピリチュアルな道へ私を誘い続けてくださっているスピリチュアルアーティストの秋山峰男氏、多くのご縁やアイデアを授けてくださるイニシアルの小杉幸子さんにも感謝申し上げます。

ひょんなご縁で出会い、編集のゼロハチマル内山真李さんと話をしたのがきっかけで、本の輪郭があらわになってきました。おかげで長年の思いに形を与えることができました。

私の経営する「クラブワールド」はスピリチュアルに特化した旅行会社です。私が体験して好きになった場所や好きなことを、波長の合うお客様に提供しています。みなさんに喜んでいただけることがとてもうれしい。好きなことを目指していると、波長の合う人ばかりが集まってくることを日々実感しています。ですからこの本を手にとってくださったあなたとも、きっと波長が合うように思います。

この本では私が気に入っている国内のパワースポットから、大切なものにつながりやすい場所を厳選しました。パワースポットといわれる場所へ行ったときには、謙虚になってください。ガツガツせず、ただその場のエネルギーを感じること。感謝をして、深呼吸するのです。その場にある石や木に触れましょう。生命の息吹を感じると身体にエネルギーが満ちてきます。

空気を皮膚で感じましょう。

耳をすまして風の音や鳥のさえずり、虫の声を聞きましょう。

花や木や水の香りを感じましょう。

凝視するのではなく、ぼんやりと景色を見てみましょう。

パワースポット周辺のおいしい食事を食べましょう。

周辺の温泉で身体から気をいただきリラックスしましょう。

そして、空気を身体全体で感じて、場所とのご縁に感謝してください。

あなたがその場で、なにか気づけることがあればいいなと思います。またお目にかかりましょう。

２０１２年

大村真吾

著者略歴

大村真吾（おおむら　しんご）

1963年生まれ、兵庫県出身。1999年にセドナを訪れたことをきっかけに、スピリチュアルについての勉強をはじめ、株式会社クラブワールドを設立。
国内外300以上のパワースポットに出かけた経験をもとに、世界のパワースポットツアーをはじめ、出雲大社や伊勢神宮などの国内ツアーや、ごく少人数で出かける都内スピリチュアルエリア散策「スピ散歩」などを自在にアレンジ。好評を博している。
ティーチャーとして、誘導瞑想やリーディングセミナーも開催する。http://www.club-world.jp/

編集：内山真李
開運雑誌の編集にかかわりながら、すぐれたメンターたちとの出会いのなかでスピリチュアルセンスを磨く修行を続ける編集・執筆者。編集プロダクションゼロハチマル共同経営。
http://www.zerohachimaru.net/

スピリチュアリスト・大村真吾が選ぶ
開運つながるパワースポット

2012年7月20日　初版発行　2017年6月21日　第3刷発行

著　者　大村　真吾　©Shingo　Omura
発行人　森　　忠順
発行所　株式会社 セルバ出版
〒113-0034
東京都文京区湯島1丁目12番6号 高関ビル5B
☎03（5812）1178　FAX 03（5812）1188
http://www.seluba.co.jp/
発　売　株式会社 創英社／三省堂書店
〒101-0051
東京都千代田区神田神保町1丁目1番地
☎03（3291）2295　FAX 03（3292）7687

印刷・製本　モリモト印刷株式会社

Printed in JAPAN
ISBN978-4-86367-083-9